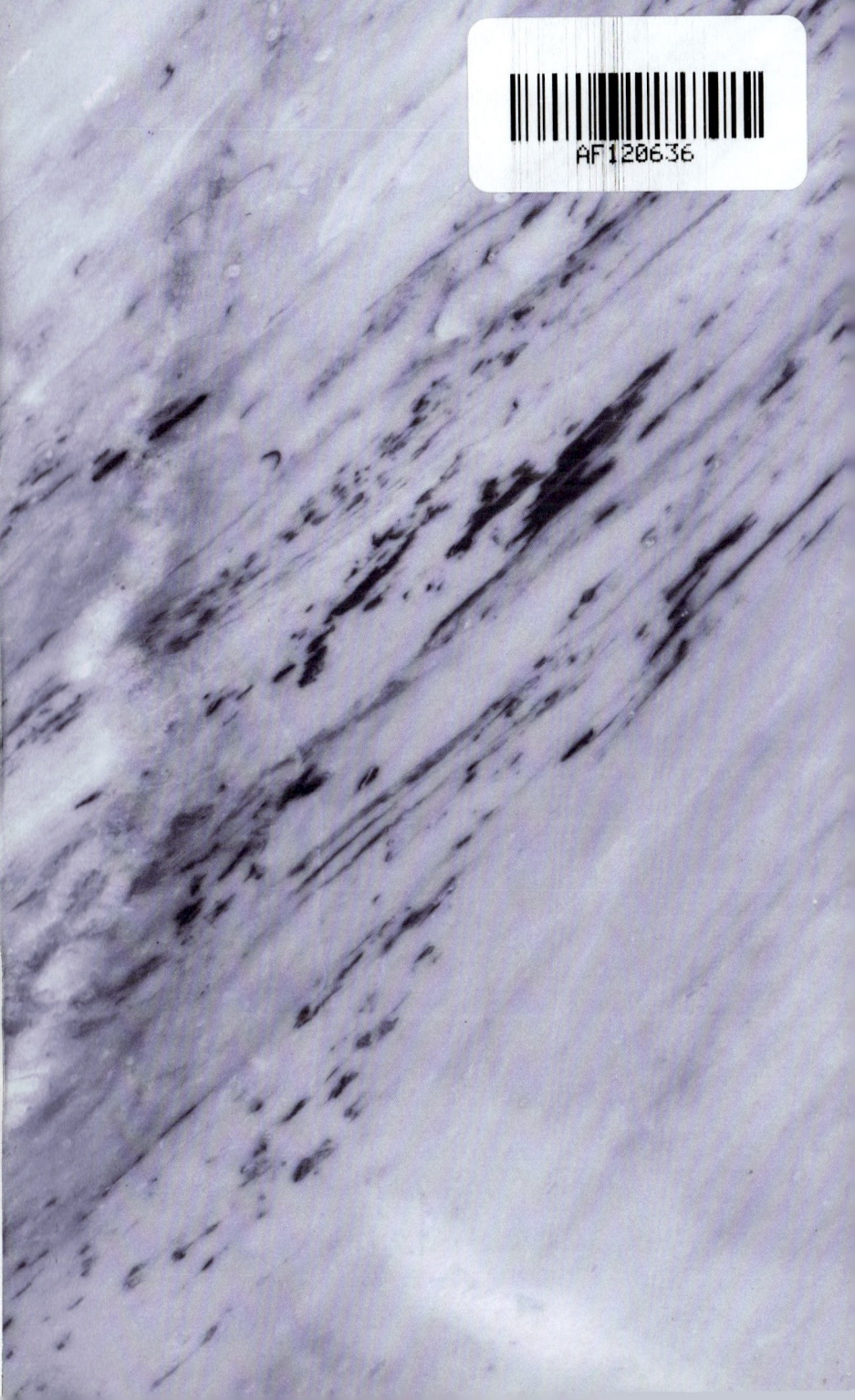

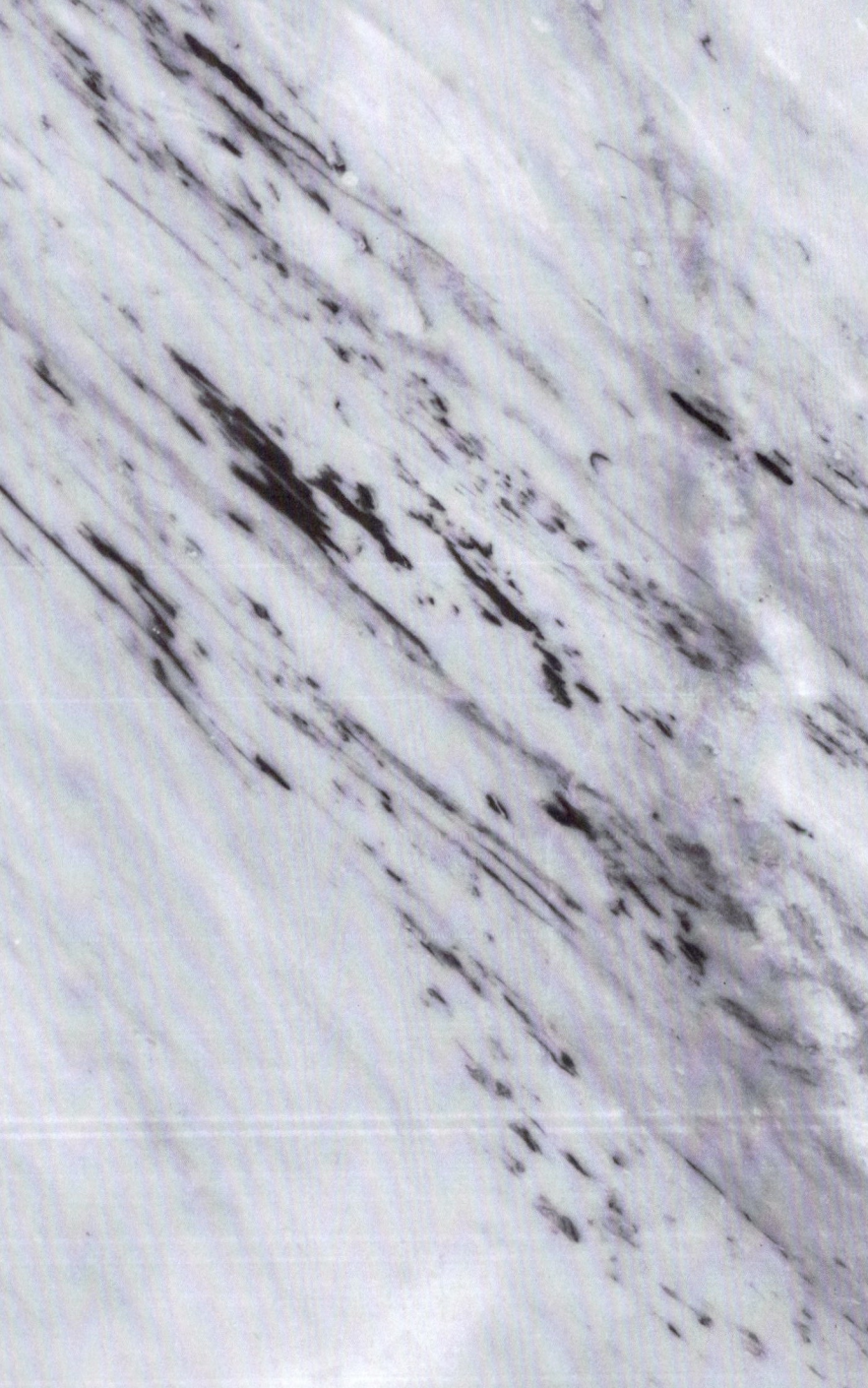

Frank Berzbach

FORM
BEWUSST
SEIN

Eine kleine Vernetzung
der alltäglichen Dinge

verlag hermann schmidt

»Das Wichtigste im Leben und in der Arbeit ist, etwas zu werden, das man am Anfang nicht war. Wenn Sie ein Buch beginnen und wissen schon am Anfang, was Sie am Ende sagen werden, hätten Sie dann noch den Mut, es zu schreiben?

Was für das Schreiben gilt und für eine Liebesbeziehung, das gilt für das Leben überhaupt. Das Spiel ist deshalb lohnend, weil wir nicht wissen, was am Ende dabei herauskommen wird.«

Michel Foucault

Inhalt

1
FORM DER BESCHRÄNKUNG
Seite 8 – 27

2
FORM DER ERNÄHRUNG
Seite 28 – 57

3
FORM DER LIEBE
Seite 58 – 93

4 FORM DER MEDIEN

Seite 94 – 123

5 FORM DER KLEIDUNG

Seite 124 – 147

6 FORM DES BESITZES

Seite 148 – 175

7 LITERATUR

Seite 176 – 186

»FORM UND INHALT SIND JETZT FREUNDE«

Seite 188 – 189

ÜBER DEN AUTOR

Seite 190 – 191

Editorial: Vom Alltag des Verlegens

Es gab eine Zeit in meinem Leben, da fand ich Schuheputzen bourgeois. Spießig. Überflüssig. Zum Shabby Chic der Seventies gehörte es, am besten barfuß und sonst mit ungepflegtem Schuh herumzulaufen. Dann trat Bertram in mein Leben. Unser gemeinsamer Weg begann mit einem Dissens über die intellektuelle Überheblichkeit, mit der ich etwas so Grundlegendes wie Schuhe behandelte. Unser gemeinsamer Weg führte dann im wörtlichen Sinne in die Anden, die Alpen und den Himalaja – alles Wege, auf denen vom richtigen (und ordentlich behandelten) Schuh durchaus das Leben abhängen kann. Im übertragenen Sinne führte unser Weg zum Verlag – und auch da gibt es auf dem Weg zum guten und schönen Buch viele sorgfältige Einzelschritte. Warum erzähle ich Ihnen das zu Beginn dieses Buches und was hat es damit zu tun?

In den zurückliegenden Monaten einer wieder bereichernden und beglückenden Zusammenarbeit mit Frank Berzbach habe ich immer wieder an die Geschichte mit den Schuhen gedacht. Durch die Auseinandersetzung mit Frank Berzbachs Texten wurde mir klar, wie oft wir Alltägliches abfällig behandeln. Was ist schon ein gesundes Frühstück gegenüber »one more thing«, wie unwichtig scheint uns ein vergessener Dank gegenüber unseren bedeutenden Zielen? Der Alltag scheint uns alltäglich und »alltäglich« wird zum Synonym für »banal«. Dann kommt Frank Berzbach und richtet seinen scharfen Verstand und sein gütiges Nachdenken auf ebendas, was wir so abschätzig »Alltag« nennen. Er beleuchtet die alltäglichen Dinge und vernetzt sie. Gibt ihnen die grundlegende Bedeutung zurück. Ordnet sie in einen größeren Kontext.

Zwei Jahre lang widmete Frank Berzbach einen großen Teil seiner Zeit diesem Buch. In dieser Zeit lernte ich beim Lesen und veränderte – manchmal ohne mir dessen ganz bewusst zu sein – kleine Routinen. Wir schrieben wieder Briefe. Ja, die Texte dieses Buches wanderten in liebevoll beschrifteten Umschlägen von Köln nach Mainz und kommentiert zurück. Wir hatten einen Rhythmus, der sich an seiner Lehre orientierte. Und dieser Rhythmus gab dem Projekt Halt. Wir hatten die langsame Form handschriftlicher Anmerkungen und die Vorfreude auf den Postboten. Und das gab dem Gedankenaustausch Bedeutung gegenüber schnell in die Tasten gehauenen Gedankenfetzen. Wir hatten viele Gesten wechselseitiger Wertschätzung. Und das machte aus Zusammen-Arbeit ein Vergnügen (zumindest für mich). Dafür, lieber Frank, von Herzen DANKE.

Im Vorwort zur »Kunst ein kreatives Leben zu führen« habe ich Ihnen von der schönen Teeschale berichtet, die Frank Berzbach mir schenkte. Im letzten Jahr kam ein weiteres Geschenk dazu: ein Bild der Künstlerin Saskia Wragge. Es zeigt eine Frau, die mit geschlossenen Augen, [die Welt um sie herum vergessend] sehr bewusst einen kleinen Schluck aus einem sehr kleinen Glas genießt. Es steht neben meinem Bildschirm und erinnert mich abends daran, dass auch ich mal zur Ruhe und zu mir kommen darf (und soll!). Mir Zeit nehmen. Auch darum geht es in diesem Buch: sich Zeit zu nehmen. Sich etwas zu gönnen. Zum Beispiel das Buch, das Sie in Händen halten. Viel Freude damit! Es wird Ihren Alltag bereichern!

Herzlich Karin (und Bertram) Schmidt-Friderichs

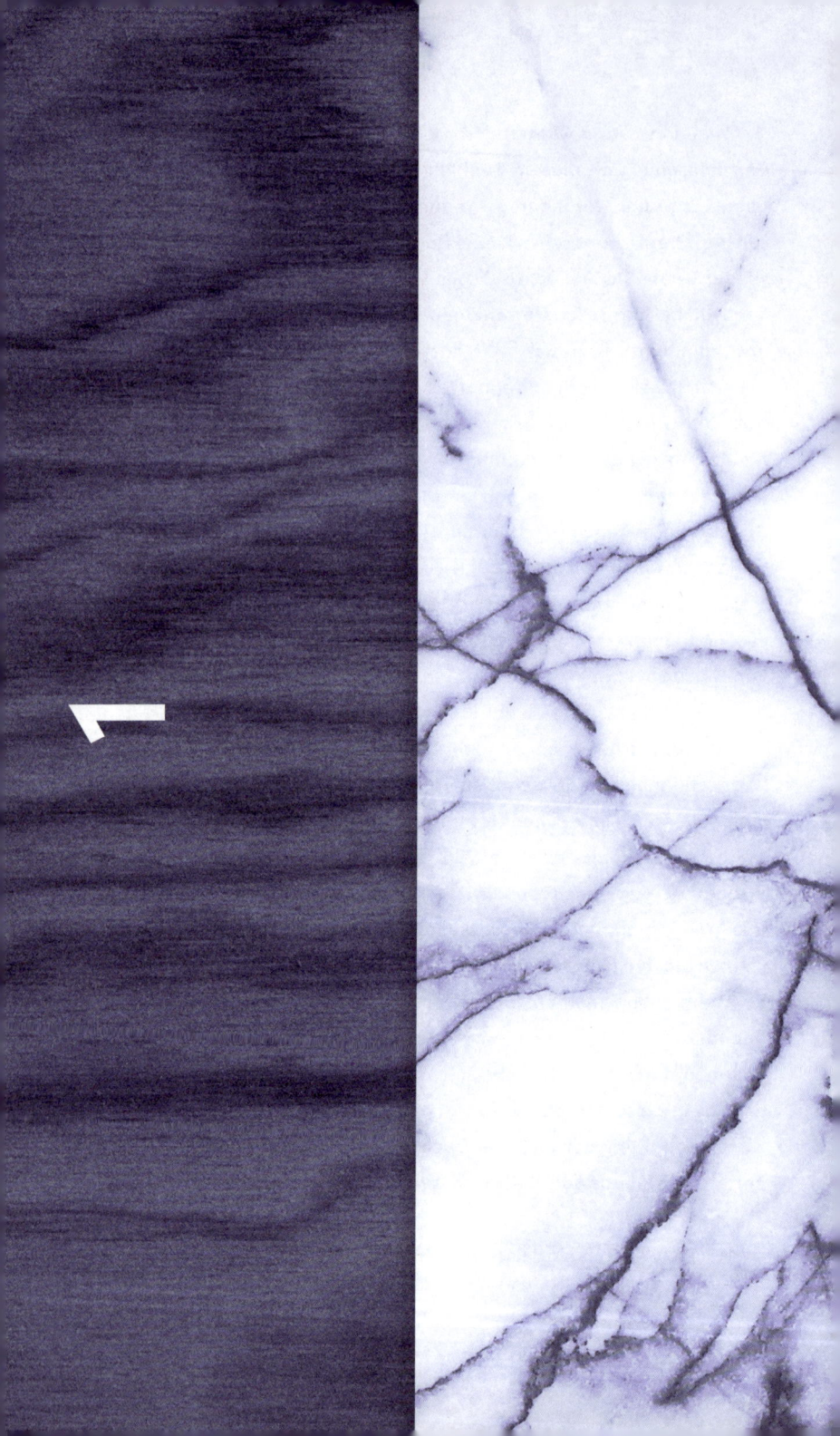

FORM DER BESCHRÄN- KUNG

»Wäre es möglich einen Rahmen zu finden, der das Bild nicht einrahmt?«

Kazuaki Tanahashi

Form der **Beschränkung**
Ernährung
Liebe
Medien
Kleidung
Besitz

Wer ein Puzzle zusammenfügen möchte, der sucht im anfänglichen Durcheinander zuerst die Eckstücke. Sie bilden den Rahmen – eine Form – und innerhalb dieser Begrenzung lässt sich das Bild leichter vervollständigen. Erst diese Beschränkung ermöglicht Freiheit. Dies gilt auch für unseren Alltag, der oft in unverbundene Tätigkeiten zerfällt. *Zerstreuung* hingegen ist eine Urform der Formlosigkeit: sie lässt uns den Halt verlieren, macht Menschen zu fremdgesteuert agierenden Wesen, die ihren Rhythmus verlieren, nur noch um sich selbst kreisen und schließlich verrohen und erkranken. Alles, was stirbt, verliert seine Form. Formlosigkeit erzeugt Leid. Fehlendes Formgefühl steht aus gestalterischer Perspektive im engen Zusammenhang mit *Geschmacklosigkeit*. Felix Scheinberger, Professor für Illustration, schreibt, dass uns ohne Geschmack die Fähigkeit zum Vergleich fehle und somit »eigentlich alles, um eine akzeptable gestalterische Position einzunehmen«. Das betrifft nicht nur das leere Blatt des Autors oder Zeichners, sondern lässt sich auch auf das große Puzzle des Alltags beziehen. Um ein Bild herzustellen, müssen wir Bildsinn und Geschmack entwickeln. Wir müssen Wissen sammeln und handwerkliche Fähigkeiten erlernen. Ich glaube, dass es zwar unterschiedliche Neigungen und Ausprägungen von gutem Geschmack gibt, aber keinesfalls, dass er rein subjektiv oder sogar Privatsache sein kann. Das Sprichwort, über Geschmack könne man sich nicht streiten, bezieht sich auf die antike Vorstellung, dass dieser axiomatisch feststeht – und meint nicht, jeder könne urteilen, wie es ihm beliebt. Wer sich mit Formen beschäftigt, Formsensibilität entwickeln will oder sich einer Form unterwirft, der wird daher mit einer gewissen *Strenge* konfrontiert. Erst aus ihr heraus entsteht der Halt, den uns Rahmungen geben können. Spirituelle Übungsformen sind daher oft formstreng: Wer einmal in einem Zen-Dojo dem traditionellen Ablauf gefolgt ist, weiß, wie gewöhnungsbedürftig das sein kann. Wir fühlen uns erst sicher, wenn wir die Abfolge von Verbeugungen, die Bedeutung des Schlagens der Klanghölzer und Klangschalen kennen, wenn wir wissen, wann sich wer wie oft zu verbeugen hat. Da sich die äußere Form wiederholt, geht der Ablauf leicht in Fleisch und Blut über. Erst dann können wir dem Prozess befreit von jeder Entscheidung folgen. Wir werden getragen von einer äußeren Formstrenge, die den inneren Prozess während der Meditation stabilisiert. Die intuitiv auftauchenden *inneren* Gedanken bekommen Halt durch die Strenge der *äußeren* Form. »Äußere Begrenzungen bedingen oft innere Freiheiten«, schreibt die Illustratorin Sophia Stephani.

Das Thema *Achtsamkeit* wird die einzelnen Kapitel begleiten. Der populäre Begriff wird meist falsch verstanden. Geistesgegenwärtigkeit oder Gewahrsein sind angemessenere Übersetzungen. Damit ist weder Alltagsflucht noch Magie gemeint. Achtsamkeit bedeutet nicht, durch die rosarote Brille auf die Welt zu blicken, sie ist keine Entspannungs- oder Wellnesstechnik. Buddhas Vorschlag für die Überwindung des Leidens ist der Edle Achtfache Pfad; die Übung der *rechten Achtsamkeit* ist einer dieser Wege. Unter Achtsamkeit *(sati)* versteht man das nicht bewertende, unmittelbare Beobachten des Körpers und des Geistes im gegenwärtigen Moment. Sie ist verbunden mit einer Haltung, in der wir nicht Menschen, Vorhaben oder Dingen anhaften. Es geht darum, annehmend und geduldig zuzulassen, was geschieht, präsent, neugierig und sanftmütig zu bleiben und bedacht statt reflexhaft zu

»Äußere Begrenzungen bedingen oft innere Freiheiten.«

Sophia Stephani

reagieren. Damit sind hohe Ansprüche formuliert, eine Art Ziel, dem wir uns übend widmen. Schaut man sich die acht Pfade Buddhas genauer an, wird verständlich, warum die Achtsamkeit zwischen der *rechten Anstrengung* und der *rechten Sammlung* (Konzentration) eingespannt ist. Auch jede Art von bewusster Formgebung ist verbunden mit Arbeit, permanenter Anstrengung und der Fähigkeit, sich konzentrieren zu können. Die Teile eines Puzzles suchen sich nicht selbst ihren Platz. Je komplexer die Welt, desto mehr gilt: Sich ein Bild machen zu wollen, ist eine Herausforderung.

Der Prozess der Formgebung ist ein Teil der Kunst des kreativen Lebens. Aber die Frage ist: Welcher Kunst? Definitionen von Kunst gibt es viele. Im Rahmen einer Kunst, die das Leben und das Arbeiten betrifft, orientiere ich mich an einem erweiterten Kunstbegriff. *Die Kunst und das gute Leben,* so nennt Hanno Rauterberg sein Buch, in dem er die Ästhetik wieder mit der Ethik verbindet. »Kein Künstler tritt an, um die Welt so zu belassen, wie sie ist. Auch wenn er sich nicht anmaßen möchte, sie tatsächlich verändern zu können, will er doch gestaltend auf sie einwirken«, schreibt der Kunsthistoriker. Wer die Puzzlestücke seines Alltags wacher betrachten möchte, der übernimmt die Rolle des Gestalters des eigenen Lebens – er nimmt die Haltung des Lebenskünstlers an. Damit soll hier aber keine exzentrische Lebensform bezeichnet werden. Ich halte Lebenskünstler nicht für Idealisten, die sich in alternativen Lebensformen ausprobieren: *Jeder ist ein Lebenskünstler.* Und das im ganz gewöhnlichen Leben, das bewusster, achtsamer und wertebezogener gelebt werden kann. Ich orientiere mich daher weder an einer »kreative Klasse« noch an »kreativen

---

Form der Beschränkung
Ernährung
Liebe
Medien
Kleidung
Besitz

»Kein Künstler tritt an, um die Welt so zu belassen, wie sie ist. Auch wenn er sich nicht anmaßen möchte, sie tatsächlich verändern zu können, will er doch gestaltend auf sie einwirken.«

Hanno Rauterberg

Branchen«, sondern glaube, dass jeder Mensch, unabhängig von seiner beruflichen Tätigkeit, schöpferisch und aktiv oder bloß mechanisch und passiv leben und arbeiten kann. »Form ist die sichtbare Gestalt des Inhalts«, liest man beim Kunstpsychologen Rudolf Arnheim – und wer auf Formen achtet, nimmt Einfluss auf den Inhalt.

Dies betrifft auch alle Aspekte einer umfassenden Lebenskunst, und dabei spielt die Ästhetik eine Hauptrolle – vor allem in ihrem ganz traditionellen Aspekt der *Schönheit*. Ursprünglich war das Thema Schönheit gar nicht der Kunst zugeordnet, sondern betraf eher das Göttliche oder die Natur. Kunst wurde als Handwerk gesehen, die *gute Ausführung* stand im Mittelpunkt. Mit der Moderne werden aber Schönheit, Anmut, Erhabenheit, Proportion und Harmonie zu zentralen Kategorien der angewandten und auch der bildenden Künste. »Schön« und »hässlich« waren in der alteuropäischen Denkweise zwei Grundbegriffe der Kunst. Gerade in der Postmoderne halten manche vor allem die Schönheit für unzeitgemäß und überholt. Sie wurde durch eine gewisse Beliebigkeit ersetzt und den Hang zur Abstraktion, die gar nicht mehr wusste, von welcher Konkretheit sie sich löst. Die Erkenntnis daraus war: Regelbrüche ohne Kenntnis der Regeln sind meist vulgär.

Im Hinblick auf die Formen des Alltags bedeutet Beliebigkeit vor allem Formverfall und Formlosigkeit. Dennoch ist Altes keineswegs besser als Neues. Im Hinblick auf die Tradition sind uns die Formen oft vertrauter; das Dümmliche und Hässliche hat die verstreichende Zeit meist nicht überdauert. Über Altes kann man generationenübergreifend leichter sprechen als über den »neuesten

Shit«. Daher sind die alten Formen anscheinend erst einmal zugänglicher. Wer sich an den Klassikern orientiert, erspart sich sicher müßige Umwege und fällt nicht auf Blender herein. Zugleich lässt sich bezweifeln, ob wir ein Werk aus dem Mittelalter überhaupt verstehen können. Es stammt aus einer völlig anderen Welt, in der Menschen grundsätzlich anders dachten und wahrnahmen. Jede Kunst antwortet auf ihre Zeit, und um dazu Zugang zu bekommen, brauchen wir historisches Wissen. Ohne Wissen können wir nur unvollständig sehen. Vieles, was uns heute neu erscheint, ist nur ein Neuaufguss alter Formen. Dies erscheint als Einladung zum postmodernen Spiel mit den Formen. Männer müssen nicht mehr einem Kleidungsstil folgen, sondern können heute im klassischen Anzug und morgen in Hoodie und Sneakern das Haus verlassen, je nach Anlass, Lust und Laune. Formbewusstsein bezieht sich nicht mehr darauf, *eine* Formsprache als der Weisheit letzten Schluss zu betrachten. Es bezieht sich auf Formkenntnis und Formgefühl. Die hässlichen Bildausschnitte des Alltags sind selten »postmodern«, sie sind meist nur formlos, destruktiv, aggressiv und unheilsam. Das wird sich an den konkreten Beispielen von Ernährung, Kleidung, Beziehungen und anderem zeigen.

Ein Bedürfnis nach Schönheit wird leider oft als purer Luxus verpönt. Der engagierte Sozialarbeiter und Zen-Meister Bernard Glassman sieht das allerdings ganz anders. Er legt großen Wert darauf, dass auch das Essen, das man Wohnungslosen ausgibt, schön auf dem Teller angerichtet ist. Eine für Sozialarbeiter eher irritierende Sichtweise, da sie Formen meist wenig Bedeutung beimessen – und ihre Wirkung und Möglichkeiten völlig unterschätzen. Glassman geht einen anderen Weg. Krankenversicherung, Arbeit und Wohnung reichen eben nicht aus: »Menschen haben auch ästhetische Bedürfnisse. Eine schöne Umgebung inspiriert sie dazu, ihr Leben ganzheitlicher zu gestalten und intensiver wahrzunehmen, wie kostbar die Welt und all ihre Mitmenschen sind. Die Schönheit von Kunst und Natur erinnert uns an die innere Harmonie und die Pracht, die sich in der Existenz jedes Menschen manifestiert«, schreibt er in seinen *Anweisungen für den Koch.* Aber auch in der bürgerlichen Mitte und den Leitmilieus werden Ordnung und Schönheit unterschätzt. Obwohl Form, Schönheit und Ordnung praktische und spirituell unverzichtbare Möglichkeiten bieten, standen sie lange in schlechtem Ruf. Dies hat vor allem zeitgeschichtliche Gründe: Im langen 19. Jahrhundert erstarrten sie in ihrer kaiserlichen oder bürgerlich-frömmelnden Variante zu autoritären, zwanghaften Kategorien, an die sich Untertanen zu halten hatten. Tugenden wurden zu Sekundärtugenden umgedeutet. Im 20. Jahrhundert, dem Zeitalter der Extreme, wurden sie vollends pervertiert. Hitler, Stalin und andere Tyrannen definierten, was Schönheit und Ordnung zu sein hatte; jede Abweichung davon verstanden sie als »entartet«. Sich von der Unterdrückung und den schlimmen Erfahrungen zu befreien, war eine kulturelle Erlösung – aber die Gegenwart nach der Postmoderne erfordert eine praktikablere Sicht auf die Kraft der Formen.

Dies betrifft die kleinen Formen, zum Beispiel eine schön angerichtete Tasse Kaffee, wie sie in den Wiener Kaffeehäusern serviert wird. Die Tasse steht auf einem ovalen Silbertablett, daneben ein kleines Glas Wasser. Ein solches Arrangement hat einen geistigen und emotionalen Eigenwert, der im Zusammenhang mit dem Geschmack des Kaffees steht. Aber auch große Formen nehmen starken Einfluss: Ob eine Straße oder ein Viertel einer Großstadt sauber, gut beleuchtet und gepflegt ist oder zerfallen und zugemüllt, hat Folgen. In der Broken-Windows-Theorie geht man davon aus, dass die Kriminalität in Stadtvierteln allein deshalb schon sinkt, weil sie aufgeräumt, renoviert und gesäubert werden. Kleinere Schäden, wie ein kaputtes Fenster hingegen, senken die Schwelle für mutwillige Zerstörung und fördern die Kriminalität. Wenn wir in einem gepflegten, aufgeräumten, wohlproportionierten, hellen und geheizten Raum arbeiten, in dem Pflanzen und schöne Möbel stehen, können wir produktiver und mit weniger Energieverlust arbeiten als in einer hässlichen Umgebung. Wir können zwar überall arbeiten und leben, aber die Form der Räume und der Umgebung haben Einfluss auf Wohlbefinden und Kreativität. Es ist daher verständlich, dass sich Architekten, Künstler, Mediziner und Naturforscher in der frühen indischen und chinesischen Kultur sowie im Westen seit der Antike mit Formen und Proportionen beschäftigt haben: von den indischen Vastu-Lehren über die Lehrbücher des römischen Architekten Vitruv, zum mittelalterlichen Mathematiker Fibonacci und den Proportionsstudien der Renaissance-Maler.

Hierzu ein weiteres Beispiel: Form und Ordnung in Bezug auf das Lernen. Der Lehrbetrieb an deutschen Hochschulen ist entweder zur albernen Massenvorlesung verkommen oder geht in Formlosigkeit unter. Die unpünktlichsten Studenten trudeln kurz vor Schluss ein, die anderen sitzen verschanzt hinter einer Batterie von Plastikflaschen und beschäftigen sich mit ihren Smart-

Form der Beschränkung
Ernährung
Liebe
Medien
Kleidung
Besitz

phones. Es wird gegessen, getrunken, gesurft und gequatscht. Je »kreativer« oder »sozialer« die Studiengänge, desto formloser die Seminarkultur. Da sich darüber inzwischen selbst die Studierenden beschweren, lässt sich eine Alternative erproben. Seit etwa acht Semestern räume ich in Seminaren über achtsamkeitsbasierte Psychologie und Zen die Stühle und Tische aus dem Raum. Alle sitzen über zwei Stunden auf dem Boden. Jeweils zwei Studierende bereiten für alle schwarzen oder grünen Tee zu; jeder muss eine schöne Teeschale mitbringen. Die Studierenden ziehen die Schuhe aus, räumen ihre Jacken, Taschen, Fressalien und Smartphones weg. Vor ihnen liegen nur der Reader fürs Seminar und ein Stift. Die Teeschalen stehen an jeder Raumseite streng auf Linien, die ein Rechteck ergeben. Wir beginnen mit zwei Minuten Meditation, damit alle in der Situation »ankommen«. Das Zuspätkommen wird ganz von selbst eine Ausnahme. Die Rückmeldungen auf diese veränderte Seminarform sind immer gleich: Die Gesprächsatmosphäre sei besser, alle seien konzentrierter bei der Sache. Die Diskussionen würden weder beliebig noch einseitig. Jedes Semester sind diese formstrengen Seminare überfüllt. Einige klagen über das schmerzhafte, ungewohnte Auf-dem-Boden-Sitzen. Es fällt schwer, den Rücken gerade zu halten. Dennoch steigen wenige aus diesen Kursen aus, vielleicht weil sich die Wirkung entfaltet: Wer aufrecht sitzt, drückt die inneren Organe nicht durch die krumme Haltung zusammen. Von innen her produziert der Körper weniger Stress, zugleich ist die äußere Form ruhiger und klarer. Die Sitzordnung hat Einfluss auf die Gesprächskultur: Man lässt andere ausreden und denkt, bevor man spricht. Mein Anteil als Dozent daran ist klein: Ich setze die äußere Form durch – und das Verhalten, Denken, Sprechen und Lernen verändert sich. Ich könnte das Faktenwissen auch in »gewöhnlichen« Seminaren vermitteln, aber nicht die Erfahrung über die eigene Kraft der Form. Wie sehr das permanente Essen, Surfen, Quatschen und Zuspätkommen, das Auf-den-Stühlen-Abhängen den Geist vom Lernen und Denken abhält, das erfährt man erst, wenn die Alternative ausprobiert wird. Um die Bedeutung von Formen zu vermitteln, müssen erst einmal welche eingeführt und eingehalten werden.

Die Fragen des Bewusstseins für Form, Schönheit und Harmonie beschäftigen mich nicht auf abstrakter Ebene, sondern im Hinblick auf den Alltag und in Bezug zur Lebenskunst. Der Alltag ist, schaut man in die asiatischen Kunsttheorien, ein zentraler Aspekt des Weges als Künstler. »Kunst beginnt zu Hause«, betitelt Chögyam Trungpa daher ein Kapitel in seinem Standardwerk *Über Kunst, Wahrnehmung und Wirklichkeit*. Darin betont er, dass es darum gehe, seine Wohnung als Raum der strengen Ordnung und Sauberkeit wahrzunehmen, um so zu zeigen, dass man sein Leben bewältigt und die Kraft der Form zu schätzen weiß. Das Zuhause ist der alltägliche Übungsraum; und er hält diese Betrachtungsweise gar nicht unbedingt für typisch asiatisch. Es sei »einfach nur grundlegend gesund, dass man Dinge ordentlich macht und alles seinen Platz hat. Es bedeutet, den Haushalt wie ein Kunstwerk zu führen. Das scheint mir der wichtigste Punkt zu sein.«

Welche Bedeutung der Zustand der eigenen Wohnung hat, beschäftigte auch den Punk-Musiker und ehemaligen Produzenten japanischer Monster-Movies Brad Warner, der heute zu den unkonventionellsten Zen-

Lehrern gehört. Er erinnert sich in seiner Autobiografie *Hardcore-Zen* an seine wilden Punk-Jahre. Sein Leben war geprägt vom unkonkreten Protest gegen die bürgerliche Gesellschaft, von Pessimismus und vom Engagement gegen das Unrecht der US-amerikanischen Außenpolitik. Und plötzlich erkannte er die Vernetzung der alltäglichen Dinge mit den abstrakteren, gesellschaftlichen Fragen: »Wie sah unser Leben da wirklich aus? Wir kriegten es nicht mal auf die Reihe, die Klos in Schuss zu halten. Ich mag mich vielleicht für den Kampf El Salvadors engagiert haben, aber wo war mein Engagement für meine eigene Toilette? Wo war mein Engagement dafür, meinen Körper mit vernünftigem Essen zu füttern, sodass mein Hirn klar genug denken konnte, um irgendwas Intelligentes zu den Themen zu sagen, die mich so wütend machten?« Brad Warner störte das unheilsame Chaos der Welt, dabei konnte er nicht einmal Ordnung in den eigenen vier Wänden herstellen.

Wir kümmern uns oft sorgenvoll um die Zukunft und übersehen die Missstände der Gegenwart. Wir sorgen uns um Entferntes und sind sorglos mit dem Naheliegenden. Die Formgebung beginnt mit dem Aufräumen der Wohnung, der Wahl des Radiosenders, der Zubereitung des Frühstücks und dem morgendlichen Ankleiden. Das Herstellen heilsamer Ordnung beginnt zu Hause. Unsere Gedanken ordnen, den Körper angemessen behandeln und von dieser Grundlage aus den Aktionskreis ausdehnen. Als Brad Warner dies erkannte, veränderte er sein Leben grundsätzlich. Die Frage nach dem kreativen Leben ist sinnlos und abstrakt, wenn sie vom Alltag, von Form und Ästhetik gelöst wird. Konkret ist nur das Alltägliche.

Form der Beschränkung
Ernährung
Liebe
Medien
Kleidung
Besitz

**Wir kümmern
uns oft sorgenvoll
um die Zukunft
und übersehen
die Missstände
der Gegenwart.**

**Wir sorgen uns
um Entferntes
und sind sorglos
mit dem
Naheliegenden.**

Form der Beschränkung
Ernährung
Liebe
Medien
Kleidung
Besitz

Wir sind mit diesem Ordnungsprozess täglich beschäftigt, und ich glaube, über ihn nachzudenken, ist ein zentraler Aspekt der *Kunst ein kreatives Leben zu führen.* Das vorliegende Buch steht also im Zusammenhang zu seinem Vorgänger, es widmet sich wieder dem Thema Kreativität, und wieder habe ich versucht, das schöpferische Handeln von einer anderen Richtung her anzugehen. »Sich ein Bild machen, eine Anschauung haben, macht uns zu Menschen – Kunst ist Sinngebung, Sinngestaltung, gleich Gottsuche und Religion«, schreibt der Maler Gerhard Richter. Das Zitat fasst zusammen, worum es gehen wird: Wie vervollständigen wir das Bild des Alltags? Wie werden wir aktive Akteure in diesem Prozess? Wie nehmen wir das Alltägliche wahr? Welche Rolle spielen dabei die spirituellen und ethischen Sichtweisen aus Psychologie, Buddhismus und Christentum? Joseph Beuys gab den Anstoß: Er beklagt sich sowohl darüber, dass Künstler und Nicht-Künstler in unserer Gesellschaft strikt getrennt seien, als auch darüber, dass die Kreativität den Künstlern einseitig zugeschoben werde. Seine Vorstellung von Kunst, Arbeiten und Leben begründet sich aus der Ablehnung dieser elitären Trennung: »Jeder Mensch vollzieht permanent materielle Prozesse. Er stellt immerfort Zusammenhänge her«, erläutert Beuys. Ganz egal, was er tut, er formt sein Tun und seinen Alltag, er verhält sich auf eine bestimmte Weise, oft ohne darüber nachzudenken. »Auch wenn er gibt, wenn er ausweicht oder wie er sich im Gedränge verhält, es gibt immer, sagen wir mal Formprozesse. Tänzer machen ja auch nichts anderes, als sich bewegen, auf ihren Füßen. Und Menschen im Straßenverkehr sind im Grunde auch Tänzer. Also in dem Augenblick, wo das bewusst wird, ist man mit diesem Problem befasst«, sagt Beuys. Er sieht den Mensch als schöpferisches Wesen – er sieht ihn in permanente Formgebungsprozesse verwickelt. In Ihrer Hand liegt ein Buch über Formgebung im Alltag. Viele Künstler hat die Frage der Formen bewegt, aber sie betrifft gar nicht nur Künstler. Um im Bild von oben zu bleiben: Die ungeordnet umherliegenden Puzzlestücke ergeben noch keine Wirklichkeit, die uns guttun könnte. Mit der Formlosigkeit sind wir immer stärker konfrontiert: Fehlendes Formgefühl ist die Autoaggression der Gegenwart. Die Puzzleteile sind wahllos zerstreut, wie oft auch die eigenen Gedanken, Dinge und Beziehungen.

Es geht in diesem Buch um einige – nicht um sämtliche – heilsame Begrenzungen, die unseren Alltag befreien. Es geht um Ernährung, um Liebe und Medien, um Kleidung und das Verhältnis zu den Dingen. Kein Tag vergeht, ohne dass wir Puzzlestücke innerhalb dieser Formen suchen, wählen und kombinieren. Wir sind dem Alltag nicht passiv ausgesetzt, sondern können aktiv formgebend in ihn eingreifen: Wir bereiten unser Essen zu, wir gestalten Beziehungen und wählen Medien, die uns prägen. Wir stehen morgens vor dem Kleiderschrank und entscheiden darüber, wer wir heute sein wollen. Wir lieben. Wir sammeln oder verzichten auf Dinge. Wir orientieren uns an Marken. Alles das sind alltägliche Formprozesse – mit beidseitiger Wirkung: Wir formen etwas, und diese Form wirkt auf uns zurück und prägt uns. In unbedachter Zerstreuung können wir Dinge zwar benutzen, sie essen, uns ankleiden und von Medien berieselt werden. Aber erst in einer achtsamen Haltung können wir sie auch ästhetisch wahrnehmen und empfinden. Die ausgewählten Alltagsaspekte werden in den folgenden Kapiteln zwar einzeln betrachtet, sie sind aber in einem

Form der | **Beschränkung**
Ernährung
Liebe
Medien
Kleidung
Besitz

komplexen Netz verbunden. Unsere Mediennutzung versorgt uns mit Wissen. Dieses Wissen bezieht sich auch auf die Ernährung, auf Kleidung und unsere Vorstellungen von Besitz. Die inszenierten Liebesgeschichten haben Einfluss auf unsere Beziehungen. Wer seinen Fernseher verkauft, wird wahrscheinlich anspruchsvollere Medien nutzen – und besser essen, seinen Geschmack verändern und anderes besitzen wollen. Wie genau das aussieht, welche Bilder innerhalb der Rahmungen unseres Alltags entstehen, kann uns keiner vorgeben. Sicher ist jedoch: Sobald wir unsere Aufmerksamkeit auf die Formen selbst richten, wird sich die Qualität und Bereitschaft zur Formgebung erhöhen. Sobald wir unsere Aufmerksamkeit auf unser Denken und Handeln selbst richten, entsteht Ruhe und Kraft. Mit mehr Formwillen und Formsensibilität wird die Schönheit mehr Bedeutung bekommen, und zwar ganz konkret: anspruchsvollere Medien, geschmackvollere Kleidung, besseres Essen, heilsamere Beziehungen und ein bewussteres Verhältnis zu den Dingen. Ich möchte dazu motivieren, Kunst und Alltag gemeinsam zu denken und zu praktizieren, also formgebend in den Alltag einzugreifen. Erst dann wird das Leben zu einem schöpferischen Leben, zur Kunst – und »Kunst bedeutet, mit sich und der Welt anmutig und würdevoll umzugehen. In diesem Fall liegt der Sinn des Wortes *anmutig* in einer gewissen Nicht-Aggressivität, Freundlichkeit und Erhabenheit, also in einer von Grund auf freudvollen Haltung. Wenn wir Künstler werden wollen, ist es wichtig, dass wir uns sicher sind, die Welt nicht verschmutzen zu wollen, stattdessen können wir als Künstler die Welt verschönern«, schreibt Chögyam Trungpa.

»Kunst bedeutet, mit sich und der Welt anmutig und würdevoll umzugehen.«

Chögyam Trungpa

2

FORM DER ERNÄHRUNG

> »Warum essen Sie, was Sie essen? Wie essen Sie, und wie fühlen Sie sich nach dem Essen?«

Thich Nhat Hanh

Form der **Ernährung**
Beschränkung
Liebe
Medien
Kleidung
Besitz

Die Existenz beginnt meist damit, dass ein Arzt oder eine Hebamme uns als hilfloses, nacktes Wesen auf den Bauch unserer Mutter legt. Die erste instinktive Handlung besteht darin, einige Zentimeter zu robben, um an der Mutterbrust zu saugen. »Säuglinge« suchen nach Nahrung, kaum ist ihre Lunge mit dem Sauerstoff der ersten Atemzüge gefüllt. Unser ganzes Leben werden wir mindestens dreimal täglich Nahrung zu uns nehmen, wenn wir das Glück haben, in einem reichen Industrieland aufzuwachsen. Lange hingen die Menschen, vor allem in der westlichen Kultur, an einer *dualistischen* Vorstellung: hier der Mensch, ihm gegenüber eine abgetrennte Welt – hier lebende Subjekte, dort materielle Objekte. Dabei sind wir, sobald wir Nahrung zu uns nehmen, »fluide und transparent in die Welt eingebettet«, wie es die Philosophin Catherine Newmark ausdrückt. »Jede unserer Zellen ist hergestellt aus Teilen der Welt, die wir aufgenommen und verwandelt haben. Alle Menschen sind verzaubertes Essen.« Mit der magischen Transformation *bejahen* wir die Welt, die wir aufnehmen, verdauen und deren Reste wir wieder ausscheiden.

»Essen ist das Gegenteil von Skepsis«, wie Newmark schreibt. Was könnte also wichtiger sein, als unsere Aufmerksamkeit darauf zu richten, was wir in uns aufnehmen? Keine Lebensphase kommt ohne Nahrungsaufnahme aus. Es gibt nichts Alltäglicheres. Aber statt den neugierigen Blick gerade deshalb auf die Formen der Ernährung zu richten, haben die westlichen Philosophen seit der Antike das Thema heruntergespielt oder gleich ignoriert. Daran hat sich bis heute nur wenig geändert. Ein auf das Essen spezialisierter Philosoph, Historiker oder Soziologe – ein Gastrosoph – hat immer noch wenig Chancen auf eine Karriere im Wissenschaftssystem. Das, was uns täglich bestimmt, uns prägt und mit der Welt verbindet, uns Anlass zu Freude oder Leiden gibt, war und ist vielen Forschern und Politikern zu gewöhnlich. Dabei kommt unser Leben durchaus ohne häufige *außergewöhnliche* Vorkommnisse aus; es kommt aber nie ohne *Gewöhnliches* aus! Selbst Menschen mit dem Hang zum Nachdenken übersehen leider die Grundformen der alltäglichen Existenz – sich zu kleiden, zu arbeiten oder zu essen. Dabei werden die Fragen der Lebenskunst, des guten Lebens und die Suche nach Weisheit sinnlos und abstrakt, wenn wir sie von unseren Alltagsformen lösen. Die Zubereitung des Essens ist eine allgegenwärtige Handlung, sie ist keine abstrakte Grübelei. Während wir uns an den absätrakten Sinnfragen des Lebens abarbeiten, übersehen wir die überschaubare und gestaltbare Wirklichkeit. Die besteht immer aus der Zubereitung oder Beschaffung der nächsten Mahlzeit. Sie besteht aus deren geschmacklichen, gesundheitlichen und geselligen Finessen. Dennoch herrscht oft Essensvergessenheit.

»Ja, bis heute hat es der gastrosophische Geist schwer hierzulande«, schreibt Harald Lemke. Der Philosoph forscht und schreibt seit vielen Jahren über die Weisheit des Essens, über die Ignoranz der Philosophen und die wenigen, die sich der Ernährung mit der nötigen Aufmerksamkeit gewidmet haben. Seine Bücher sind eine endlose Quelle der Inspiration für alle, die angesichts der Kopfgeburten der Universitätsphilosophie die Liebe zur Weisheit noch nicht verloren haben. Zu einer der von Harald Lemke beschriebenen Ausnahmeerscheinungen in der Philosophiegeschichte gehört Friedrich Nietzsche. Auch wenn einige seine gastrosophische Neigung schlicht

Während wir uns an den abstrakten Sinnfragen des Lebens abarbeiten, übersehen wir die überschaubare und gestaltbare Wirklichkeit.

ignorieren, sind seine starken Worte unmissverständlich: »Durch den vollkommenen Mangel an Vernunft in der Küche ist die Entwicklung des Menschen am längsten aufgehalten worden«, schreibt er in *Jenseits von Gut und Böse*.

Schon die Küche an sich bietet heute Anlass zu irritierenden Beobachtungen: Deutsche geben gern ihr Geld für kostspielige Küchen aus, und deutsche Küchen genießen im internationalen Produktdesign hohe Anerkennung – nur werden in diesen perfekten Küchen dann meist minderwertige Speisen zubereitet. In Deutschland fahren schlecht gekleidete Menschen nach übermäßigem Fernsehkonsum (Kochshows!) mit sehr teuren Autos zum nächsten Discounter; sie kaufen dort minderwertige Nahrungsmittel, um diese dann in den Mikrowellen überaus luxuriöser Designerküchen aufzuwärmen – gegessen wird mit teurem Besteck. »Die gemeine und unvernünftige Ernährungsweise repräsentiert (...) den erreichten Wohlstand im faden Geiz des möglichst Billigen und Vielzuvielen«, schreibt dazu Harald Lemke in seiner großen Studie zur *Ethik des Essens*. Die kulinarische Dimension der Intelligenz ist hierzulande unterentwickelt.

Dass die meisten großen Denker sich den Fragen guter Ernährung gar nicht erst gewidmet haben, liegt vielleicht ganz einfach auch daran, dass in der Küche immer ihre Frauen oder Bediensteten standen. Und die Frauen wurden von jeglicher Schriftstellerei und anderen Künsten meist ausgeschlossen. Auch in der Philosophie sind bis heute meist Männer die Lehrstuhlinhaber. Obwohl in den populären Kochshows fast immer Männer den Koch spielen, reicht deren Wirken nicht bis hinauf in die denkenden Köpfe. Aber selbst wenn mehr Frauen telegene oder akademische Macht innehätten, würden diese das Thema wohl meiden. Die feministische Denkart sieht in der Küche nämlich weniger einen kulinarischen und existenziell bedeutsamen Ort, sondern das private Arbeitslager für die unterdrückten und unbezahlten Hausfrauen des Bürgertums. Dabei ist die Küche nicht nur der Mittelpunkt jeder guten Party, sie ist auch der zentrale Raum eines jeden Haushalts, in dem wir viel Zeit verbringen. Was ist gemütlicher als eine Wohnküche? Wir sitzen am Esstisch näher beieinander als in den seltsam-distanzierten Sofaformationen der Postmoderne. Während die Wohnzimmer immer noch auf stets größer werdende Fernseher ausgerichtet sind, bleibt der Esstisch das Zentrum *existenzieller Kommunikation*.

Bis zur Jahrtausendwende wussten viele bürgerliche Männer kaum, was sich in der Küche wo findet, weil der Raum alleiniges Territorium von Müttern, Ehefrauen und Töchtern war. Diese Zeiten sind vorbei. Die Rollen sind heute anders verteilt, gleichwohl benachteiligt die schlechte Situation der Kinderbetreuung strukturell noch immer die Frauen. Sie sind es, die in der Regel kochen, spülen und einkaufen. Männer kochen eher, wenn sie es zu ihrer Leidenschaft erklären und bei besonderen Anlässen. Die Verhältnisse und Zeiten haben sich zwar verändert, aber eher im Kopf als in der Küche. Ob wir das nun neue oder alte Bürgerlichkeit nennen, ist nicht so wichtig. Jedenfalls nimmt das Strukturproblem für beide Geschlechter einen negativen Einfluss auf die Qualität der Ernährung; in der Summe entsteht zu viel Druck und Zeitmangel.

Form der Beschränkung
Ernährung
Liebe
Medien
Kleidung
Besitz

In der europäischen Philosophiegeschichte stoßen wir auf einen Mann, der schon in der Antike das gute Leben alltagsnah und konkret begriff: Epikur. Im Gegensatz zu seinen Kollegen Platon und Aristoteles hat er sich leider nicht durchsetzen können. Um ihn zu vergessen, reichte die Abneigung allerdings auch nicht; noch immer wird vor Epikur gewarnt. Einen zur Völlerei neigenden Genussmenschen bezeichnen noch heute fälschlicherweise manche als »Epikureer«. Die alltagsferne Denktradition verzeiht Epikur auch nach über 2000 Jahren nicht, dass er eine zentrale Wahrheit erkannte: Das gute und glückliche Leben – Ziel der Lebenskunst – muss mit gutem Essen, ja mit der Fähigkeit zum Genuss in Verbindung stehen. Leider haben sich antike Philosophen und auch der spätere Mainstream der christlichen Kultur dazu entschlossen, den Genuss vor allem als Gefahr zu betrachten. Es wird auf Epikur meist geschimpft, und wie oft beruhen stark abwertende Urteile vor allem auf Uninformiertheit. »Worauf es Epikurs Theorie der guten Lust ankommt, ist das Wissen, die richtigen Vergnügen zu wählen«, schreibt Harald Lemke. Die Fähigkeit zu genießen ist verbunden mit der klugen Auswahl, mit dem Wissen um die richtige Dosierung. Glaubt man den historischen Quellen, waren die Menschen, die sich mit den Fragen des Genusses beschäftigt haben, gerade nicht übergewichtig, genusssüchtig oder maßlos. Wahrscheinlich aßen sie weniger, aber sehr viel besser und genussvoller. Nur wer das Essen als bloße Nahrungsaufnahme sieht, wählt schlechtes Essen und übergroße Portionen – all you can eat. In den letzten Jahren sind, ausgehend von der Fastfoodkultur, die Portionen permanent größer geworden – ein eindeutiger Signalgeber für minderwertige Qualität.

Die christliche Kultur hat den Hang, Menschen als von der Erbsünde belastete Wesen zu sehen. Selbstkritik, Selbstbestrafung und Genussfeindlichkeit sind uns daher nicht fremd, obwohl sie die Neigung zur Maßlosigkeit verstärken. In den frühen christlichen Lehren der Wüstenväter wird noch feinsinnig unterschieden, zu viel essen wird als *Laster* gesehen. Dies sind dem Menschen innewohnende destruktive Eigenschaften, denen er sich stellen muss und die er durch Übung überwinden lernt. Laster können Lehrmeister sein. Erst später, und heute bis in die Alltagssprache hinein, wird manches, was wir essen, allerdings als »Sünde« bezeichnet. Damit wird es weniger zu einer Frage der Übung: Wer sich einem Laster hingibt, wird *schwach* – wer sündigt, wird *schuldig*. Es ist jedoch nichts fundamental Böses, wenn wir über die Stränge schlagen. Zwar können wir durch das Essen auch Schuld auf uns laden, aber die hat nichts mit der Menge der aufgenommenen Nahrung zu tun, sondern mit der furchtbaren Normalität industrieller Tierhaltung. Schuld können wir vermeiden, schwach zu werden ist schlichtweg menschlich. »Entweder man lebt, oder man ist konsequent«, weiß Erich Kästner. Gerade bei strenger Diät neigen viele Menschen zu unerbittlicher Selbstkritik, wenn sie zu viel essen. Die Psychologie-Professorin Kristin Neff, die führende Forscherin zum Thema *Selbstmitgefühl*, weist allerdings darauf hin, dass die Selbstverurteilung das Problem noch verstärkt: »Wenn wir uns auf diese Weise selbst kritisieren, werden wir natürlich mit großer Wahrscheinlichkeit noch mehr essen, denn schließlich brauchen wir Trost – wir essen, um uns besser zu fühlen, weil wir uns wegen unseres Essverhaltens schlecht fühlen.« Die Einsicht, dass wir unsere Laster nie vollständig loswerden, hilft dabei, sich ihnen nicht hingeben zu müssen. Aber die differenzierte Lehre menschlicher Laster ist, nachdem das Mittelalter die Traurigkeit oder die Völlerei zur Sünde hochstilisiert hat, zum »gesellschaftlichen Breitensport verkommen«, wie Catherine Newmark schreibt. Wir sind 24 Stunden umstellt von gezielter Werbung und Orten, die uns überzuckerte Getränke und Snacks bereitstellen.

In einem italienischen Dorf allerdings traf sich Mitte der 1980er-Jahre eine Gruppe Menschen, um ein Gegenprogramm zu formulieren, die *Slow-Food-Bewegung*. Carlo Petrini plädiert für das »Recht auf kulinarischen Genuss und auf Langsamkeit und Muße«. Die weltweiten Mitglieder bringen wichtige Begriffe wieder in Einklang: »gute Qualität und tragbare Preise, Genuss und Gesundheit, Lebensfreude und soziale Verantwortung, Tempo und gemächlicher Rhythmus«. Die Wertigkeit der Nahrung und des Genusses wahrzunehmen, hat mit dem Geldbeutel etwas zu tun, aber ganz anders, als wir denken. Carlo Petrini machte die Beobachtung, dass gerade der zunehmende Wohlstand der westlichen Gesellschaften die Ernährungskultur eintönig macht. Die industrialisierte Wohlstandsnahrung kennt wenig Vielfalt, ist schlicht minderwertig. Wir haben mehr Geld, geben aber weniger davon für die Ernährung aus. »Das beim Essen eingesparte Geld wird oft für in der Werbung angepriesene, überflüssige Dinge ausgegeben oder – absurder noch – für gesundheitliche Maßnahmen wie Wellness, Kosmetik usw., um die Folgen der falschen Ernährung zu korrigieren«, schreibt Petrini. Sein Blick in die Armen- und Kriegs-Kochbücher förderte die enorme Nahrungsvielfalt und Kreativität zutage, die in Notsituationen entstehen kann. Da der Mensch seit Urzeiten isst, prägen viele Traditionen unsere Ernährung. Die Dinge sind nicht, wie sie sind, sie sind nur dazu geworden. Alles hätte auch anders kommen können.

Schon in der Frühgeschichte verarmt unser Speiseplan, als das Sammeln vieler Nahrungsmittel durch den Anbau weniger abgelöst wurde. Die Jagd scheint für den Speiseplan seit jeher eine untergeordnete Rolle gespielt zu haben, sie diente primär dem männlichen Prestige. Von den Vorfahren des modernen Menschen wurden Tiere und Pflanzen noch als Verwandte angesehen. Es war für sie daher ein moralisches Problem, töten zu müssen, um überleben zu können. »Essen war keine reine Freude«, schreibt der Ethnologe Klaus E. Müller in seiner *Kleinen Geschichte des Essens und Trinkens*. Wer seine Verwandten tötet, wird dafür vielleicht büßen müssen. Ein Gedanke, der heute vielen erst einmal fremd erscheint, der aber angesichts der furchtbaren Bedingungen der »Tierproduktion« in Erinnerung gerufen werden sollte. Essen und Trinken waren jedenfalls vor der Aufklärung keine Themen, die ohne Metaphysik, Religion oder Ethik ausgekommen wären. »Du sollst nicht töten«, heißt es noch in der Bergpredigt (Matthäus, 5, 21), und dass sich das Gebot nur auf Menschen bezieht, darauf findet sich kein theologischer Hinweis. Aber obwohl die frühen Christen meist vegetarisch lebten, ist dem bürgerlichen Durchschnittschristen selbst in der Fastenzeit die Erinnerung daran abhanden gekommen. Obwohl die katholische Kirche sonst vor strikten Regeln nicht zurückschreckt, liest sich der aktuelle Katechismus wie ein diffuses, orakelhaftes Programm, das es jedem recht machen will – die *Ehrfurcht vor der Kreatur* scheint vergessen. Es grassiert die Essensvergessenheit, auch unter den Anhängern einer Religion der Nächstenliebe. Dabei gibt es klarere theologische Positionen. Albert Schweitzer ist nicht nur dafür berühmt, dass er ein Armenkrankenhaus in Afrika aufbaute, sondern auch für seine Tierethik. Wie die Philosophen meist das Essen getrennt vom guten Leben betrachtet haben, so achteten die Ethiker darauf, »dass ihnen keine Tiere in der Ethik herumlaufen«, schreibt Schweitzer in seinem Essay *Die unvollständige Ethik*. Er richtet sein Augenmerk auf das Verhältnis zu Tieren, auf die Ehrfurcht vor der Kreatur, und formuliert dazu die bis heute gültigen Schlüsselsätze: »Ich bin Leben, das leben will, inmitten von Leben, das leben will. (...) Du sollst Leben miterleben und Leben erhalten« – ein Satz, der in den Katechismus jeder Religion gehört. Essen als Stillen des individuellen Hungers ist ein junges Phänomen – über lange Zeiten wurde es in Gruppen und rituell zu sich genommen. Es war immer auch ein *sakraler Akt* der Opfergabe und ein Dank für das tägliche Brot. Ernährungsgeschichtlich betrachtet ist unser heutiges individualisiertes Essverhalten eher schlicht oder sogar vulgär. Jonathan Safran Foer beschreibt die paradoxe Situation in den USA: Zu Thanksgiving wird traditionell Truthahn serviert, ein Tier, das massenhaft und unter entsetzlichsten Bedingungen gezüchtet wird und damit dem Geist des Festes wohl extrem widerspricht.

Die Esskultur ist für den Kulturanthropologen Gunther Hirschfelder ein Spiegel gesellschaftlicher Werte. Er bezeichnet die Nahrung als »soziales Totalphänomen«. Eine relativ späte Erfindung zum Beispiel ist das Alleinessen außerhalb des Hauses. Noch bis in die 1950er-Jahre war es verpönt, auf der Straße zu essen, und das heutige to-go-Phänomen undenkbar. Der größte Vernichter jeglicher Esskultur taucht allerdings in den 1960er-Jahren auf: »Erst zögerlich, bald aber immer mehr löste das Fernsehen die Tischordnung auf und wurde gewissermaßen zum Haupt des Tisches: Auf den Fernseher richteten sich die Blicke und er beeinflusste die Gespräche. Mit der Zeit gelang es dem Fernseher, die gewachsene Tischkultur maßgeblich zu modifizieren oder gar zu zerstören«, schreibt Hirschfelder. Erst durch das Fernsehen wurde es möglich, »nebenbei« zu essen, was maßgeblichen Einfluss auf das hat, was Menschen zu sich nehmen. Wer die Aufmerksamkeit auf etwas anderes richtet, braucht starke Impulse, um überhaupt zu bemerken, was er aufnimmt. Das Fernsehen zerstört jede »kulinarische Intelligenz« und macht viele Menschen zu selbstvergessenen »Redundanzessern«. In Deutschland, anders als in anderen europäischen Ländern, wird inzwischen überall gegessen: in Hochschulseminaren(!), in Straßenbahnen, selbst im Stehen und Gehen.

Das Nebenbei-Essen, unkontrollierte Zwischenmahlzeiten, Bewegungsmangel, Bequemlichkeit und die gezielten Manipulationen der Ernährungsindustrie, die ihren Gewinn ohne Rücksicht auf die gesundheitlichen, ethischen und sozialen Folgen maximiert, führen dazu, dass die Menschen der westlichen Gesellschaften immer fetter werden. Da das Essen immer mehr zur bloßen Nahrungsaufnahme verkommt und zur individuellen Privatsache wird, nehmen Essstörungen in der Postmoderne zu. Über die Hälfte der Deutschen sind ihrem Body-Mass-Index zufolge übergewichtig. David Kessler, Medizinprofessor und Leiter der amerikanischen Gesundheitsbehörde, beschreibt die perfiden Strategien der Lebensmittelindustrie und die Gründe für das grassierende Übergewicht in *Das Ende des großen Fressens*. Der Drang zum Essen wird gewöhnlich durch ein körperinternes Rückmeldesystem reguliert: »Über enge Wechselwirkungen zwischen Nahrungsaufnahme und Energieverbrauch gestattet uns diese biologische Strategie, jedes Jahr Unmengen Kalorien zu konsumieren, ohne dass sich das Gewicht grundlegend verändert.« Dieses Phänomen müsste nun eigentlich ausschließen, dass wir im Kino oder vor dem Fernseher unkontrolliert Junkfood in uns stopfen. Aber eine anhand von Tierversuchen inzwischen gut erforschte und von der Nahrungsmittelindustrie gezielt eingesetzte Kombination von Fetten, Industriezucker und Salz setzt den natürlichen Prozess der Homöostase außer Kraft. Diese drei Inhaltsstoffe werden dem Junkfood gezielt zugesetzt, damit wir nicht aufhören zu essen. *Konditioniertes Hyperessen* nennt David Kessler das Phänomen, wenn bei satten Menschen die Selbstkontrolle außer Kraft gesetzt und ein unkontrollierter Essimpuls geweckt wird. Die Konditionierungen, die durch solche Reizkopplungen entstehen und die durch permanente Verfügbarkeit, durch allgegenwärtige Werbemaßnahmen und der Zerstörung einer differenzierteren Geschmacksentwicklung in der frühen Kindheit erreicht werden, bleiben lebenslang bestehen. Kessler schildert Menschen, die nach eigener Aussage ihre Gedanken von einer Schale M&M's, die auf dem Tisch steht, nicht abwenden können und schon nach kurzer Zeit wie fremdgesteuert zugreifen müssen. Wer fühlt sich bei einer solchen Beschreibung nicht ertappt? Wir diagnostizieren solche Zwänge (noch) nicht als Essstörung, aber das Denken vieler Menschen »kreist ständig ums Essen«, wie Kessler schreibt. 24 Stunden sind wir mit dem Drang zu essen und mit dem Verzicht darauf beschäftigt. Die von Süßigkeiten ausgehenden Signalreize können unser Denken total dominieren. Es entsteht ein

Teufelskreis aus dem ersten Reiz der Industrienahrung, dem *Verlangen* danach und der *Belohnung* der geschmacksoptimierten Impulse – diese Abfolge wird unbemerkt zur *Gewohnheit*. Das menschliche Laster der Völlerei wird hier – mit wissenschaftlichen Mitteln – ausgenutzt, durch eine wirksame Nahrungsmittelkombination geweckt und verstärkt. Eine Reaktion auf diese Manipulation findet sich in einer alten spirituellen Technik, in einer der stärksten Formgebungen der Ernährung: dem Fasten.

Wer etwas über die Sprache und das Sprechen erfahren will, der sollte eine längere Zeit schweigen. Das Hören der inneren und äußeren Stimmen wird sehr viel intensiver. Ähnlich ist es mit dem Essen. »Hören ist keine Fähigkeit, die man einmal erlernt und dann ständig besitzt. Es erfordert lebenslanges Üben. Dazu dient auch das Fasten«, äußert einer der Mönche, mit denen Bernhard Müller für sein Buch *Das Fasten der Mönche* gesprochen hat. Verzicht ist ein rigider Eingriff in unsere (oft unbemerkte) Routine. Die christliche Fastenzeit bietet eine gute Gelegenheit für 40 Tage zu prüfen, ob wir selbstauferlegten Regeln folgen können. Mit einer Diät hat die Idee des Fastens eher wenig zu tun. Es dient nicht primär der Gewichtsreduktion. Wer abnehmen will, sollte dauerhaft besser, regelmäßiger und etwas weniger essen. Dazu kommt, sich mehr zu bewegen, und zwar im Alltag, nicht nur durch Sport. Übergewicht hat viele Ursachen, aber die wichtigste wird schnell vergessen: Es wird *zu viel* gegessen. Der Schriftsteller Alois Schöpf hat in Bezug auf Übergewicht eine psychologisch weitsichtige These formuliert. Er bringt Übergewicht mit mangelnder Selbstliebe in Zusammenhang und schlägt einen einfachen Test vor: »Die härteste Prüfung, dieses Ziel der Selbstliebe zu erreichen, besteht in einer ganz einfachen Maßnahme. Sich nackt vor einen großen Spiegel zu stellen und sich davor zu drehen und zu wenden.« Wir scheuen diesen Blick, sei es durch gesellschaftlich verzerrte Körperideale, vor allem bei Frauen, oder wegen einer »resignativen Selbstverfettung«. Menschen geben sich auf und lassen sich gehen. Der Autor formuliert eine Körper und Geist wieder in Einklang bringende, wenn auch provozierende These: »Am Beginn jeder Freude steht die Freude an sich selbst, und hinter jedem sinnlichen Selbsthass steht der Hass auf die eigene Nacktheit.« Um sich wohlzufühlen, benötigen wir keinen zwanghaften Blick auf die Waage, sondern nur den Mut, uns dem Blick in einen großen Spiegel zu stellen – wer dies seinem Alter angemessen und ohne jeden Perfektionismus aushält, der kann sich selbst achten und wohlfühlen. Oder er kann seiner Unzufriedenheit ins Auge schauen – sein Essverhalten ändern und beginnen, sich mehr zu bewegen.

Im Alltag der Industrieländer werden wir genötigt, zu viel zu essen. Das Überangebot in den Supermärkten führt dazu, dass täglich Unmengen weggeworfen werden müssen. Erste Länder haben Gesetze erlassen, die diese Praxis verbietet. Tierische Lebensmittel sind unangemessen billig. Was können wir gegen die Missstände tun? »Fasten heißt, gegen den Strich leben«, schreibt der Benediktinermönch Anselm Grün und trifft den Nagel auf den Kopf. In einer Überflusswelt verzichten zu können, macht uns frei und unabhängig. Zum einen von den zahlreichen äußeren Impulsen, von der Suggestion der Werbung, von der Omnipräsenz der Naschereien; zum anderen aber auch vom inneren Trieb, permanent den starken Reizen von fettigen, salzigen, zuckrigen Nahrungsmitteln zu folgen. Fasten zu können ist ein fundamentaler

»In einer Überflusswelt verzichten zu können, macht uns frei und unabhängig.«

Anselm Grün

Protest gegen die Kultur des maßlosen Konsums. »Das Fasten will den Trieben das Übermaß und das Ungeordnete nehmen. Nicht die Angst vor dem Essen (...) lässt uns fasten, sondern die Hoffnung, dass wir mit unseren Trieben frei umgehen können und nicht die Triebe mit uns«, schreibt Anselm Grün in einer kleinen theologischen Studie. Er leitet regelmäßig Fastenkurse. Der bewusste Verzicht beispielsweise auf Fleisch, Milchprodukte, Fisch, Zucker, Alkohol oder Kaffee verändert täglich unsere Mahlzeiten und ist somit allgegenwärtig. Verzichtet man als Vegetarier eine Zeit lang auf Käse, Joghurt, Quark, Sahne und Milch, so macht sich das vom Frühstück an bemerkbar. Den Kaffee schwarz zu trinken und keinen Käse aufs Brot zu legen, auf Nutella zu verzichten oder auf Müsli mit Joghurt, lässt einen kreativ werden: Besserer Kaffee, vegane Brotaufstriche, mehr Obst und Rohkost, Marmelade oder Honig erscheinen auf dem Speiseplan. Das Brötchen mit Käse, Börek mit Schafskäse oder Caprese, typische Speisen, die viele Vegetarier auf Reisen versorgen, müssen ersetzt werden. Pastagerichte ohne Pecorino, Parmesan oder Ziegenkäse verändern sich. Der bewusste Verzicht schult die Wahrnehmung, macht bewusst, wie oft wir zum immer Gleichen greifen, und erfordert Einfallsreichtum. Er zeigt, wo unsere Gewohnheiten zu Süchten geworden sind – oder was wir überhaupt nicht vermissen. Nach der Fastenzeit hat man neue Restaurants, Geschäfte, Gerichte, Gemüsesorten und Zubereitungsarten kennengelernt. Vor allem: Die leichtere Kost tut einem gut. In meiner Fastenzeit ohne Milchprodukte erwischte mich keine der üblichen Erkältungswellen, ich habe etwas abgenommen und mich sehr auf Ostern gefreut! Ich esse wieder Nutella, aber deutlich seltener – nach 7 Wochen ohne schmeckt mir die Creme zu süß. In der Theologie weisen die Ratgeber zum Fasten darauf hin, dass wir mit dem Weglassen bestimmter Speisen nicht nur auf das Körperliche zielen. Es geht auch um das »geistige Fasten« zum Beispiel von übler Laune und negativen Gedanken. Zu viel zu essen macht träge. Wer fastet, der wird sich darüber wundern, dass er mehr Zeit hat und sich wacher fühlt, besser schläft und sich länger konzentrieren kann.

Wie sehr uns die Speisen beschäftigen, auf die wir für eine kurze Zeit verzichten, ist verblüffend. Fasten »will uns das Essen und Trinken nicht missgönnen, sondern vergeistigen«, schreibt Anselm Grün. Dabei ist entscheidend, ein Mittelmaß einzuhalten. Weder die christlichen noch die buddhistischen Schulen sind Anhänger schmerzlicher Askese. Es geht also darum, zu verzichten und auch Durchhaltekraft zu mobilisieren, aber zugleich jede Quälerei zu meiden. In der theologischen Fastenliteratur wird deutlich vor der Gefahr von Angeberei gewarnt. Empfohlen wird große Zurückhaltung. Also lieber nicht darüber sprechen, dass man fastet. Nicht jammern! Da das Gebot der Nächstenliebe stärker als das Fasten ist, soll man sogar lieber in Anwesenheit anderer dosiert seine Regeln brechen, um dann allein wieder strikt zu ihnen zurückzukehren. Man fastet für sich selbst, nicht um sein spirituelles Prestige zu erhöhen – es ist also durch und durch eine unspektakuläre Sache. Fasten ist stiller, dosierter, zeitlich begrenzter und willensstarker Verzicht; es ist ein Anschlag auf die Maßlosigkeit des Zeitgeistes.

Das Essen hat seine *Geschichte* – aber es besteht auch aus einer Vielzahl von *Geschichten*. Jeder Lebensweg ist voller Erinnerungen an Gerichte, jede biografische Phase

Form der Beschränkung
Ernährung
Liebe
Medien
Kleidung
Besitz

hat ihren eigenen Geschmack. Wer hofft nicht, beim Besuch im Elternhaus den Geschmack seiner Kindheit erneut auf der Zunge haben zu dürfen, wenn die ehemaligen Lieblingsgerichte auf den Tisch kommen? Und wer ist nicht enttäuscht, weil er sich in eine Illusion verstrickt hat? Das Essen schmeckt nicht wie in der Kindheit, weil wir erwachsen geworden sind. Erwachsenwerden bedeutet, sich von seinen Eltern zu emanzipieren, auch in Bezug auf die Ernährungsgewohnheiten. Die sind von Generation zu Generation verschieden und sind Ausdruck des Zeitgeistes. Die Welt unserer Großeltern ist oft noch geprägt vom Krieg, also einer furchtbaren Erfahrung, die auch ihr Verhältnis zum Essen lebenslang prägt. Meine Großmutter wollte mir, wenn ich nach einem Besuch wieder fuhr, ein Päckchen Butter und Kaffee mitgeben, Schokolade und Brot. Meine Wohnung lag kaum eine Stunde Autofahrt entfernt. Solche Care-Pakete zeigen das fehlende Vertrauen in die Welt ihrer Friedensenkel. Die Kriegsgeneration ist von der alltäglichen Katastrophe geprägt. Und in Friedenszeiten bleibt diese Prägung bestehen. Den Teller immer leer zu essen, auch wenn es zur Qual wird; Übergewicht als gesunden Zustand zu betrachten, weil die Reserven gebraucht werden, wenn nichts mehr zu essen da ist. Allerdings war die Zeit der Großeltern frei von pervertierter Massentierhaltung; geschlachtet wurde von Landwirten, in kleinen Metzgereien oder selbst. Meine Großmutter rupfte selbst ein Huhn, mein Großvater war Jäger und schlachtete selbst. Dieses direkte Verhältnis zu den Tieren schloss unbedachten Konsum aus. In der Zeit des Wirtschaftswunders wurde der tägliche Fleischkonsum zum Prestigefaktor; heute zeugt er von Ernährungsvergessenheit und ist ein Unterschichtenphänomen. Das Essen von Fleisch ist zurzeit noch, wie früher das Rauchen oder PS-starke Autos, ein Baustein männlicher Identität. Der Mann am Grill, Fastfood, Steaks, Burger mit Pommes – die Melange eines bestimmten Typs männlicher Identität schränkt die Problemwahrnehmung gesundheitlicher, ethischer, ökologischer Aspekte stark ein. Aber auch hier ist vieles in Bewegung: Sei es durch die Hinwendung zu einer liberalen, spirituell orientierten Religion, in der die Achtsamkeit geschult wird, durch Dokumentationen der Massentierhaltung, aus gesundheitlichen Gründen oder aus kulinarischem Interesse an Herkunft und Qualität der Nahrungsmittel. Zu Emanzipation und neuer Männlichkeit gehören die größere Bedeutung der eigenen Kleidung, der gepflegtere Umgang mit Körper und Emotionen und das Interesse an der täglichen Haushaltsführung, insbesondere am Kochen. Auch das stärkere Interesse für Bücher und Literatur sensibilisiert für die Fragen der Form. Romane und Erzählungen haben uns viel zu sagen – auch in Bezug auf die Ernährung.

Die Schriftstellerin Karen Blixen erzählt in ihrem Kurzroman *Babettes Fest* ein »lukullisches Märchen«. Die französische Meisterköchin Babette flieht vor dem Bürgerkrieg in ein puritanisch geprägtes norwegisches Dorf, in dem sie sich schnell einlebt. Als sie einige Jahre später in der französischen Lotterie gewinnt, richtet sie im Dorf ein Festessen aus – eine Gefährdung der asketischen Gewohnheiten einer freudlosen, protestantischen Kultur. Doch während des Essens, für das alle Zutaten eigens aus Frankreich geliefert werden, weichen die starren Dorfbewohner immer mehr auf und verlieren ihre Überkontrolliertheit. Erinnerungen und Verdrängtes steigen auf, die Atmosphäre verändert sich. »Im Allgemeinen redeten die Leute in Berlevaag nicht viel beim Essen. An diesem Abend aber schienen ihre Zungen gelöst.« Die Erstarrung in puritanischer Lustfeindlichkeit wird durch das meisterliche Essen gelockert, ja aufgelöst. Babette investiert ihren ganzen Gewinn in das Festmahl, obwohl sie davon in die Heimat hätte zurückkehren können. Sie wählt den Weg des Festessens, um sich bei der Dorfgemeinschaft für die freundliche Aufnahme zu bedanken. Sie erweitert den sinnlichen Horizont des ganzen Dorfes.

Im Jahr 2009 erscheint ein Buch, das weltweit Einfluss hat und die Sicht auf die Ernährung vieler Menschen grundsätzlich verändert. Charlotte Roche ließ sich das Cover auf ihren Arm tätowieren. Der amerikanische Autor Jonathan Safran Foer, der mit raffinierten Romanen wie *Alles ist erleuchtet* oder *Extrem laut & unglaublich nah* berühmt wurde, macht sich Gedanken über seinen gerade geborenen Sohn. Der Prozess des Vaterwerdens lässt ihn nachdenken darüber, was er täglich isst. In der neuen Rolle sieht er sich in der Generationenfolge und erinnert sich an seine Großmutter. Diese flüchtete als Jüdin in Kriegszeiten aus Europa, unter drastischen Bedingungen. Als Kind hielt Safran Foer sie für die beste Köchin der Welt, die allerdings immer in Sorge ist, dass alle genug bekommen. Im Essen spiegelt sich die Welt all seiner Verwandten und Freunde: »Die Geschichte ihrer Beziehung zu Essen umfasst alle anderen Geschichten, die sich über sie erzählen ließen. Für sie ist Essen nicht gleich Essen, sondern Schrecken, Würde, Dankbarkeit, Rache, Fröhlichkeit, Demütigung, Religion, Geschichte und natürlich Liebe.« Nun ist er gerade Vater geworden und weiß, dass er seinem Sohn irgendwann die Geschichte des Essens erzählen muss; und das bringt ihn, für einen

Autor typisch, dazu, sich mit dem Essen zu beschäftigen. Drei Jahre erkundet er die Welt der Nahrungsmittelindustrie, der Tierhaltung, des alltäglichen Umgangs mit Tieren. Als Kind gibt ihm seine vegetarische Babysitterin den trivialen Hinweis, dass ein Huhn ein Huhn ist. »Wie kommt es, dass ich daran noch nie gedacht habe, und warum hat mir das noch nie jemand gesagt?« – Sie hat keinen missionarischen Trieb, sondern sitzt nur am Tisch und isst kein Fleisch. Manchmal reicht das, um die Augen zu öffnen. Foer beschreibt, dass diese Frau etwas ganz Selbstverständliches tat: Sie übertrug die Werte, die seine Eltern ihm fürs Leben mitgeben wollten, auch auf Tiere. In seinem langen Essay *Tiere essen* schildert der Autor die gewöhnlichen Praktiken der Massentierhaltung, stellt Fragen und erzählt die Geschichten, an denen er durch seine eigene Ernährung nicht mehr beteiligt sein möchte. Er formuliert einen Leitsatz, gegen den schwer Argumente zu finden sind: »Der Verbraucher sollte nicht selbst entscheiden müssen, was grausam und was gut ist, was umweltschädlich und umweltverträglich ist. Grausame und schädliche Nahrungsprodukte sollten verboten werden. Wir brauchen nicht die Wahlfreiheit, Kinderspielsachen mit Bleifarbe zu kaufen oder Sprays mit Fluorchlorkohlenwasserstoff oder Medikamente mit nicht benannten Nebenwirkungen. Und wir brauchen nicht die Freiheit, Fleisch aus Massentierhaltung zu kaufen.« Warum ein permanenter Verstoß gegen die gültigen Tierschutzgesetze zum Normalfall geworden ist, bleibt unverständlich und ist, auch juristisch gesehen, ein Skandal. Am Ende des Buches kommt Foer zurück zu seiner Großmutter, die ihm noch eine Geschichte erzählt. Gegen Kriegsende sieht ein russischer Bauer die ausgemergelte, hungernde jüdische Frau und bringt ihr ein Stück Schweinefleisch. Es ist nicht koscher, sie lehnt es ab – obwohl sie leidet. Erschrocken fragt der Enkel, ob sie es auch nicht essen würde, um ihr Leben zu retten. Ihre Antwort enthält unendliche Kraft, Formbewusstsein und Wachheit: »Wenn nichts mehr wichtig ist, gibt es nichts zu retten.«

Was können wir retten und wie? Über diese Frage denken Vertreter aller Weltreligionen nach, seit Menschen spirituelle Wege gehen. Der Zen-Meister Thich Nhat Hanh denkt darüber nach, wie die Dinge zusammenhängen und welche Rolle dabei das Alltägliche spielt. Atmen, Gehen und auch Essen sind ihm wiederkehrende Themen: »Was unser Bewusstsein aufnimmt, prägt unser Leben, sodass wir sehr vorsichtig sein müssen, welche Nahrung wir zu uns nehmen«, schreibt er in seinem Buch über *Achtsames Essen*. Es ist einer der außergewöhnlichsten Texte über gesunde Ernährung; es ist kein Diätbuch, auch wenn sich Hinweise zum Abnehmen finden. Wer seine Essgewohnheiten verändert, der ändert sein ganzes Leben. Der achtsame Lebensplan besteht für Thich Nhat Hanh aus bewusstem Essen, achtsamem Atmen und Bewegung. Er favorisiert die natürlichste, einfachste, aber häufigste Form der Bewegung: das Gehen. Strecken zu Fuß zurückzulegen, verbindet uns anders mit den Orten, an denen wir sind. Diese Erkenntnis hat es inzwischen zu einer eigenen Wissenschaft gebracht, der *Promenadologie.* Jeden Tag mehr, langsamer und bewusster zu gehen, verändert ebenfalls viel, vor allem reduziert es das Gewicht. Auch Susan Albers, eine auf Essstörungen spezialisierte amerikanische Therapeutin, nimmt die Ernährung unter dem Aspekt fehlender Achtsamkeit in den Blick: »Essen ist eine so automatisierte Tätigkeit, dass dabei oft Zeitung gelesen, geredet, ferngesehen und

»Wer seine Essgewohnheiten verändert, der ändert sein ganzes Leben.«

Thich Nhat Hanh

Musik gehört wird. Das beeinträchtigt stark die Fähigkeit, darauf zu achten, wie man isst, und eine weise Essenswahl zu treffen«, schreibt sie in ihrem Buch über ein *Leben im Gleichgewicht* und *Buddhas Weg achtsamen Genießens*. Sie empfiehlt, kurz innezuhalten, bevor man isst, und zu prüfen, ob man überhaupt Hunger hat. Diese Funktion übernahm früher das Tischgebet. Essen, vor allem Süßigkeiten, wird uns permanent angeboten. Und wir sind von Menschen umstellt, die wahllos zugreifen. Das Ablehnen kann sogar als unhöflich gewertet werden. In jedem Fall hat sich der Impuls zu essen vom Hunger selbst längst entkoppelt. Und diese achtlosen Gewohnheiten, bei denen wir uns den niederen Trieben und krassen Geschmacksimpulsen der Nahrungsindustrie überlassen, sind meist die Ursache für starkes Übergewicht.

Menschen, die ihrem Leben eine Form geben wollen, fangen am besten damit an, Einfluss auf die eigenen Essgewohnheiten zu nehmen. »Du arbeitest nicht nur am Essen, du arbeitest auch an dir selbst und an anderen Menschen«, sagte der Zen-Meister Shunryu Suzuki einmal zu einem Mann, der gerade Koch in einem Meditationszentrum geworden war. Edward Espe Brown ist inzwischen selbst Zen-Lehrer und verbindet heute seine Zen-Praxis mit der Kunst des Kochens. Im Zitat äußert sich eine reflektierte Haltung zum Essen und auch zum Arbeiten. Brown weißt darauf hin, dass wir »durch Arbeit unsere Liebe zum Ausdruck bringen können« – dies bezieht sich auf die Hausarbeit, also die Zubereitung unseres Essens, aber auch auf die Arbeit generell. Ein Mahl zuzubereiten, ist mit Anstrengung verbunden, aber es *nährt* sowohl uns als auch andere. Zudem können wir hinter jedem einzelnen Bissen, den wir zu uns nehmen, eine ganze Welt erkennen.

Dies beginnt mit der nächsten Tasse Kaffee: Wer hat die Kaffeebohnen angepflanzt, geerntet, verarbeitet, transportiert und verkauft? Wie haben die Tiere gelebt, deren »Produkte« wir zu uns nehmen? Im Buddhismus wird von der Verbundenheit der Dinge ausgegangen, und an den Nahrungsmitteln können wir diese spirituelle Sicht sehr rational nachvollziehen. Ob wir uns reinen Profitinteressen und »Fooddesignern« ausliefern oder bewusst Alternativen finanzieren möchten, nichts, was wir essen oder trinken, ist unverbunden. Daher wundert es nicht, dass Edward Brown zu dem Schluss kommt: »Nahrung nur als Brennstoff für den Körper zu betrachten, ist ein Armutszeugnis.« Essen ist viel mehr, es ist unendlich bedeutungsvoll. Dabei grenzt sich der Zen-Koch davon ab, eine elitäre und prestigeträchtige Kulinarik zu entwerfen. »Ich bringe den Leuten nicht bei, vegetarische Meisterwerke zu produzieren – als gäbe es gar keinen Grund zu kochen, wenn es kein Meisterwerk wird. Ich möchte (sie) ermutigen, einfach zu kochen, bereit zu sein, normales Essen zu kochen, das sie genießen können. Ich versuche den Leuten den Druck zu nehmen, ein Meisterstück abliefern zu müssen oder es ganz bleiben zu lassen«, heißt es in seinem Standardwerk *Das Lächeln der Radieschen*. Sein Blick richtet sich auch auf die Fähigkeit zur Selbstliebe: Wer sich selbst schätzen kann, der bereitet sich ein gutes Essen zu. Ich finde, dies äußert sich beim Stiefkind der Mahlzeiten, nämlich beim Frühstück. »Haben Sie geschnittenes Obst zum Frühstück verdient?«, fragt der Zen-Koch provozierend. Sind Sie sich die Arbeit wert, sich zum Frühstück drei Sorten Obst zu schneiden, auf einem Teller anzurichten und allein die Farbenvielfalt zu genießen? Über das Frühstück nachzudenken, bricht mit einem Zeitgeist, der es praktisch findet, auf die frühe Mahlzeit aus

Beschränkung
Ernährung
Liebe
Medien
Kleidung
Besitz

Form der

Zeitgründen gleich zu verzichten. Das Frühstück vieler Menschen besteht aus dem Kauf eines Pappbechers, in das ein Heißgetränk gefüllt wurde, um es in ein dafür vorgesehenes Plastikdisplay im Auto zu stellen. Dabei könnten Sie es sich wert sein, auf eine Scheibe frisches Vollkornbrot eine Currypaste zu streichen, eine Scheibe Avocado darauf zu legen, Chiliflocken und Salz darüber zu streuen, dazu eine Schale Tee zu trinken und Blaubeeren, Kiwi und Apfelscheiben auf einem weißen Teller anzurichten. Für die Zubereitung eines solchen Festmahls benötigen Sie keine Viertelstunde; aber die Freude, so einen Werktag zu beginnen, hält sehr lange an. Warum sagt in uns eine Stimme, das hätten wir nicht verdient? Wir haben es verdient – wir tun damit uns und auch anderen etwas Gutes. Die Zubereitung mag etwas Arbeit bedeuten, aber darin drücken wir unsere Liebe aus. Es ist ein verbreiteter Irrtum, dass die Form der Ernährung etwas Belangloses sei. Wir nehmen diese Form sogar in uns auf – wie könnte das folgenlos bleiben? Die Formen der Ernährung formen uns, sie formen auch die Umwelt. Formlosigkeit und Essensvergessenheit sind leicht durch schöne und heilsame Formgebung zu ersetzen. »Durch den Entschluss, etwas zu tun, sei es nun Meditieren oder Kochen, kommt man im Leben vorwärts«, schreibt Edward Brown. Das Essen ist in all seinen Dimensionen eine soziale Praktik und es wundert nicht, dass es in den Werken von Joseph Beuys eine große Rolle spielt: »Die Kunst selbst ermöglicht erst das Leben. Der Mensch ist erst dann wirklich lebendig, wenn er versteht, dass er ein künstlerisches Wesen ist. Selbst die Handlung eine Kartoffel zu schälen, kann ein künstlerisches Werk sein, wenn es ein bewusster Vorgang ist.« Wir machen uns also in gewisser Weise sogar zum Künstler – zum Lebenskünstler.

Es ist ein verbreiteter Irrtum, dass die Form der Ernährung etwas Belangloses sei.

Wir nehmen diese Form sogar in uns auf – wie könnte das folgenlos bleiben?

FORM DER LIEBE

Beschränkung
Ernährung
Form der Liebe
Medien
Kleidung
Besitz

»There's nothing
you can do
that can't be done.
(…)
Nothing you can do,
but you can learn
how to be you
in time. It's easy.
All you need
is love.«

The Beatles

»Nicht allein vom Brot soll der Mensch leben«, antwortet Jesus auf eine Versuchung des Teufels. Die materielle Nahrung, die uns mit Kalorien versorgt, reicht nicht aus. Sobald wir gesund und achtsam, sozial und ethisch verantwortungsvoll essen, sollte im Kopf Raum für anderes sein. So sehr ich die Ernährung für eine unterschätzte Dimension des Alltags halte, so anstrengend und irritierend finde ich Menschen, die sich nur noch damit beschäftigen, was sie essen. »Der wahre Hunger des Menschen ist geistig. (...) Worte können meine Seele wahrhaft nähren«, schreibt der Benediktinermönch Anselm Grün in seinem Kommentar zum Matthäus-Evangelium. Mitgefühl und Liebe beginnen dort, wo sie oft am meisten fehlen: bei uns selbst. Die Fähigkeit, mit sich selbst befreundet zu sein, ist auch entscheidend für die Liebe zu anderen. Der Philosoph Wilhelm Schmid, der in lesenswerten Büchern über Fragen der Lebenskunst nachdenkt, schreibt daher: »Die Ethik des Umgangs mit sich sollte (...) kunstvoll, das heißt durchdacht und gestaltet, nicht kunstlos, also unüberlegt und zufällig sein.« Mit sich selbst umzugehen, ist ein entscheidender Moment der Formgebung, dem wir wenig Aufmerksamkeit schenken. Wir pflegen unseren Garten, unsere Fahrzeuge, unser Interieur oft mit größerem Zeitaufwand. Dass auch unser Körper durch Bewegung, Ernährung und Pflege kultiviert werden muss, gerät manchmal aus dem Blick. An den eigenen Gefühlsmustern oder Denkweisen arbeiten Menschen oft nur dann, sobald sie krankhaft oder hinderlich werden.

Neulich sah ich eine Postkarte, auf der »Eigenlob stimmt!« stand. Ein witziger Satz, weil er eine Tugendregel umdeutet, die zur Zurückhaltung mahnt. Einige der moralischen Sprüche, die uns zu besseren Menschen machen sollen, sind in einer leistungsorientierten, postmodernen Gesellschaft zur Qual geworden. Sie hatten zu ihrer Entstehungszeit ihre Berechtigung, doch liegt diese oft Jahrhunderte zurück – die Situationen, auf die sie sich bezogen, existieren in der heutigen Zeit überhaupt nicht mehr. Viele sehen es so: Wer sich selbst lobt, leidet an Arroganz, Egozentrik und Verblendung – *kritische Selbstreflexion* ist seit der Aufklärung eine dominante Forderung. Narzissmus ist anstrengend und gefährlich; jeder kennt diese Zeitgenossen. Es sind Menschen, denen auf der Autobahn zwölf Autos entgegenkommen und die dennoch denken: »Alles Geisterfahrer!«. Einer Mehrheit hingegen ist es sehr unangenehm, an sich selbst zu denken – vor allem, wenn es um liebevolle Gedanken geht. Aus gesunder Selbstreflexion ist bissige Selbstverurteilung geworden. Ich bitte ab und zu Studierende, eine Übung zu absolvieren: Sie sollen in Zweiergruppen dem jeweils anderen zehn Minuten ihre positiven Eigenschaften spiegeln. Eine solche Übung sorgt regelmäßig für Verunsicherung, ist vielen sogar unangenehm oder verschlägt ihnen die Sprache. Oft schämen wir uns, sobald es darum geht, darüber zu sprechen, was wir an uns selbst schätzen. Es wäre leicht, länger über das zu sprechen, was man an sich selbst nicht mag. Die Dominanz von Selbstkritik, Perfektionismus und uneingestandenem Ehrgeiz lassen ein positives Selbstbild schwer zu. Selbstkritik kann sich zu Selbsthass und Autoaggression ausweiten. Was sich Menschen durch Überarbeitung, Drogen- und Medienmissbrauch oder Extremsport antun, ist schockierend. Viele Menschen werden für ihre Partner und ihr Umfeld zur Belastung, weil sie es zwingen, dabei zuzuschauen, wie sie sich selbst permanent misshandeln.

Die Dominanz von Selbstkritik, Perfektionismus und uneingestandenem Ehrgeiz lassen ein positives Selbstbild schwer zu.

Sobald gesellschaftliche Normen unterschritten werden, wird schnell Alarm geschlagen – aber wenn Normen *übererfüllt* werden, bleibt das abweichende Verhalten unkommentiert: Wer zu viel arbeitet, der wird für einen fleißigen oder ehrgeizigen Menschen gehalten; wer sich mit der Mutterrolle überidentifiziert und nur noch Themen rund ums Kind zulässt, wird irrtümlicherweise als »gute Mutter« betitelt. Dass ein solches Verhalten den überbehüteten, durch »Fürsorge« erstickten Kindern schaden kann, wird verschwiegen. In Bezug auf Arbeitswelt, Elternrolle und Breitensport wird ein *Zuviel* auf perfide Art gelobt – dabei handelt es sich schlicht um einen destruktiven Umgang mit sich selbst. »Ein Selbst, das sich selbst zu sehr verliert, ist zu keinerlei Aufmerksamkeit mehr fähig, weder für sich noch für andere«, weiß Wilhelm Schmid. Manchmal beginnen wir mit guten Vorsätzen, aber verkrampfen zu schnell und werden starr in unseren Absichten. Dabei verlieren wir die Ziele aus dem Blick, verdoppeln aber die Anstrengung. Eine solche Struktur liegt vielen unheilsamen Handlungen zugrunde. Aber warum verzetteln sich viele Menschen in einem energieraubenden Kampf, der ihre eigene und in der Folge auch die Gesundheit anderer schädigt?

»Wie viele Menschen fühlen sich in unserer unglaublich wettbewerbsorientierten Gesellschaft wirklich wohl in ihrer Haut?«, fragt die Psychologieprofessorin Kristin Neff in ihrem Buch *Selbstmitgefühl*. Sie schildert auf der Grundlage ihrer Untersuchungen und eigener Erfahrungen, dass viele Menschen sich »als ganz besonders und herausragend« fühlen müssen, um sich zu akzeptieren und zu mögen. Es fällt Menschen schwer, sich realistisch einzuschätzen. Ein Ergebnis kehrt in psychologischen

Untersuchungen immer wieder: Wir halten uns – meist stillschweigend – für besser als andere. Wir überschätzen uns und unterschätzen andere. Auch Menschen, die es richtig finden, dass nicht Auto fahren soll, wer Alkohol getrunken hat, glauben, dass sie selbst dann noch sicher fahren können. Über 90% der Hochschullehrenden halten sich für bessere Lehrer als ihre Kollegen und Kolleginnen, über 80% der Studierenden glauben, sie kämen überdurchschnittlich gut mit anderen Menschen zurecht. Wenn eine Mehrheit sich für überdurchschnittlich hält, kann etwas nicht stimmen. Wer ehrlich in sich hineinhorcht, findet die Bereiche, in denen er zumindest stillschweigend glaubt, er liege über dem Durchschnitt. Das wäre weiter kein unverzeihlicher Irrtum, würden wir nicht auf die Realität treffen. Die lehrt uns: Natürlich sind wir in sehr vielen Gebieten durchschnittlich oder sogar Anfänger. Der Realitätskontakt entlarvt unsere Überschätzung. Da sich die falschen Erwartungen in unserem Kopf und die Realität draußen aneinander reiben, leidet unser Selbstwert. Wenn unsere Erwartungen zu hoch sind, hält schon der Alltag massive Kränkungen bereit. Das führt zu beißender Selbstkritik, die sich bis zur Selbstdemontage steigern kann. In unserer Psyche werden die *Kampf- und Flucht-Systeme* aktiviert, wir durchlaufen eine Welt, in der wir glauben, ständig bewertet und abgewertet zu werden. Dieser Kampf raubt viel Energie, dabei ist er Spiegelfechterei. Wir kämpfen gegen uns; die Welt ist, wie sie nun einmal ist. Menschen, die sich um ihren Selbstwert sorgen, vergleichen sich aus der Angst, keine Anerkennung zu bekommen, permanent. Daher wundert es nicht, dass sie andere oft abwerten müssen. Sie entwickeln einen unangenehmen, latent aggressiven Kommunikationsstil, sie *konkurrieren.* Um ihren Selbstwert zu steigern, beziehen sie einen Teil der Energie aus der Abwertung anderer.

Und das nicht nur in den Bereichen der Arbeitswelt, in denen wohldosierte Konkurrenz die Leistungsmotivation steigern kann, sondern auch in anderen: Viele Frauen möchten nicht nur schlank sein, sondern schlanker als andere. Das Kind soll nicht nur gesund und froh sein, sondern es soll weiter entwickelt und begabter sein als andere. Dass es überhaupt noch gesund und glücklich sein soll, gerät vielen ehrgeizigen Eltern dabei ganz aus dem Blick. Viele geben vor, ihre Kinder zu lieben, überfüllen aber deren Terminkalender: Nach dem Kindergarten werden sie mehrmals wöchentlich zu ergänzenden Kursen geschickt – die Überbelastung raubt ihnen die Kindheit. Das Verhalten mancher Eltern grenzt an Züchtung und hat wenig mit Erziehung zu tun. Obwohl das miserable Angebot für die Fremdbetreuung in Deutschland daran eine Mitschuld trägt, zeigen sich darin die große Angst und der falsche Ehrgeiz vieler Eltern. Die für die Kreativitätsentwicklung nötige Langeweile kann gar nicht mehr aufkommen. Kinder dürfen nicht stillstehen, weil die Eltern das nicht mehr können. Zufrieden und beschwerdefrei still zu sitzen oder zu sein ist eine Grundkompetenz, die heute Kindern wie Erwachsenen meist fehlt. Kinder und deren »Leistung« werden hier zum Prestigeobjekt für die Eltern; das Kind soll den Selbstwert der Eltern steigern, ähnlich PS-starken Scheingeländewagen. Das wären ganz normale Perversionen, aber ärgerlich werden sie dadurch, dass als Motive Liebe und Sorge genannt werden – im Hinblick auf eine gute Zukunft der Kinder in einer Leistungsgesellschaft. Ob die finanziell »Erfolgreichen« allerdings

In einer von Spiritualität geprägten Sicht ist der Selbstwert gar kein Thema: Jedes Leben ist gottesebenbildlich. (...) Daher bedarf es keiner Rechtfertigung, man muss sich seinen Wert nicht noch gesondert erarbeiten.

zu den glücklichen Menschen gehören werden, daran lässt sich zweifeln. Auffällig ist deren permanenter Kampf um ihren Selbstwert; Prestige und Statussymbole bekommen eine übergroße Bedeutung. Sonja Lyubomirsky, eine der führenden Forscherinnen der Psychologie des Glücks, beschreibt Superreiche, die todunglücklich darüber sind, dass die Villa ihres Nachbarn wenige Meter näher am Meer steht als die eigene.

Kristin Neff hat Verständnis für diesen Kampf, weil sich der Mensch nach sozialer Anerkennung sehnt. Aber sie findet klare Worte: »Der abwärts gerichtete Vergleich schadet uns mehr, als er hilft. Wenn wir andere herabsetzen, um uns selbst aufzuplustern, schneiden wir uns ins eigene Fleisch. Wir erzeugen und pflegen nämlich einen Zustand der Isolation, den wir eigentlich vermeiden wollen.« Angeregt von den unheilsamen Folgen beißender Selbstkritik und dem unerbittlichen Umgang mit sich selbst plädieren viele Psychologen inzwischen für eine Umorientierung. Der auf Wirklichkeitsverzerrung und isolierenden Vergleichen beruhende Kampf um den Selbstwert soll überwunden werden, indem die Fähigkeit zum *Selbstmitgefühl* an seine Stelle tritt. Selbstliebe hat andere seelische Grundlagen als der Selbstwert. Mitgefühl ist ein religiös inspirierter Wert. In einer von Spiritualität geprägten Sicht ist der Selbstwert gar kein Thema: Jedes Leben ist gottesebenbildlich. Jede Wiedergeburt als Mensch ist ein Geschenk und der Verdienst vorangegangener Leben. Daher bedarf es keiner Rechtfertigung, man muss sich seinen Wert nicht noch gesondert erarbeiten. Das Leben ist christlich oder buddhistisch betrachtet kein Projekt, sondern Geschenk oder Vermächtnis. Schon der stoische Philosoph Marc Aurel fragte rhetorisch: »Ich erwache, um als Mensch zu wirken. Warum sollte ich mit Unwillen das tun, wozu ich geschaffen und in die Welt geschickt bin?« Aus der Sicht eines philosophisch oder religiös geprägten Lebens stellt sich die Frage nach dem Selbstwert nicht. Erst aus einer kapitalistischen Perspektive kann man ein ungenügendes Humankapital sein, ein Investitionsirrtum. Daher wundert es nicht, dass die achtsamkeitsbasierte Psychologie das Thema *Selbstmitgefühl* in den Blick nimmt.

Kristin Neff sieht drei Dimensionen der Selbstliebe. Zuerst ist sie eine Form der *Selbstfreundlichkeit*, eines wärmenden, sorgenden und sympathischen Umgangs mit sich selbst. Vielen kann dabei als Orientierung ein Perspektivwechsel dienen: Würden Sie andere behandeln wie sich selbst? Also anderen zumuten, auf Pausen verzichten zu müssen, arbeiten zu gehen, auch wenn man krank ist, Mahlzeiten ausfallen zu lassen und sie hungrig ins Bett schicken, hart mit ihnen ins Gericht gehen, obwohl alle Anforderungen längst erfüllt sind? Die meisten Menschen steigern die Selbstfreundlichkeit schon, wenn sie mit sich so umgehen würden, wie sie andere behandeln. Der zweite Aspekt ist die *Verbundenheit* mit anderen. Wir sind bei allem, was wir tun, mit anderen Menschen verbunden. Ohne unsere Eltern und Menschen, die uns versorgt und geliebt haben, wären wir nicht hier. Ohne die Arbeit anderer hätten wir nichts zu essen und auch nicht dieses Buch in der Hand. In dem Moment, in dem Sie das hier lesen, sind Sie *verbunden* mit dem Autor, den Menschen, die den Rechner produziert haben, auf dem es geschrieben ist, mit den Mitarbeitern im Verlag, Papierherstellern und Druckern und dem Buchhändler, bei dem sie es gekauft haben. Unser Essen, unsere Möbel und Kleidung, unsere Bücher und Schreibgeräte zeigen uns die Verbundenheit mit anderen Menschen. Viele nehmen diese Bindung nicht mehr wahr, weil sie glauben, mit dem Zahlen der Rechnung gehöre etwas ihnen allein. Ein mitfühlender Umgang mit sich selbst schließt ein, zu erkennen, das andere Lebewesen uns nur in einer Art optischer Täuschung als getrennt erscheinen. Der Großteil dieser Bindungen zu anderen kann uns Halt geben – wenn wir bereit sind, diese Verbindungen aktiv und überlegt zu gestalten, ihnen eine Form zu geben. »Wir sind der Ausdruck zahlloser früher Umstände, die alle zusammengekommen sind, um uns in diesem gegenwärtigen Augenblick zu formen«, schreibt Kristin Neff inspiriert von Schriften der Zen-Meister und wissenschaftlicher Forschung. In einem solchen Netz sind persönliche Fehler etwas, das wir »nicht so persönlich zu nehmen« brauchen.

Der Psychologe und Meditationslehrer Jack Kornfield, der Mediziner Jon Kabat-Zinn und viele andere betonen die große Bedeutung einer Haltung der *Achtsamkeit*, um sich und andere lieben zu können. Ähnlich wie der Begriff der *Meditation* taucht das Konzept der Achtsamkeit oft in einer verwässerten oder sogar verfälschten Weise auf. Der amerikanische Therapeut Christopher Germer, der achtsamkeitsbasiert arbeitet, weist darauf hin, was Achtsamkeit nicht ist: Sie ist *keine Entspannungstechnik.* »Wenn uns bewusst wird, was in unserem Leben vor sich geht, ist das manchmal alles andere als entspannend«, schreibt der promovierte Psychologe. Der Versuch, sich den Ereignissen vorurteilsfrei zu stellen, kollidiert mit unserer Gewohnheit, unangenehme Gefühle und Situationen zu meiden oder zu unterdrücken. Aus dieser Perspektive hat eine achtsame Haltung eher mit Mut und weniger mit

Entspannung zu tun. Wer achtsam ist, stellt sich den Dingen – auch den unschönen. Diese Bereitschaft zur Konfrontation bedarf der Übung, die sich bald selbst belohnt. Viele empfinden die Anstrengung schon nach kurzer Zeit als eine Art Reinigung. Achtsam zu sein, beinhaltet den Mut, auch Unangenehmes an sich heranzulassen, statt es beiseite zu schieben oder zu übersehen – weil die Verdrängung uns viel Energie raubt und den Blick auf die Wirklichkeit verzerrt. »Unsere Haltung zum inneren Erleben ist dann weniger reaktiv. Wir können emotionale Stürme leichter erkennen und loslassen«, schreibt der Therapeut. Somit ist Achtsamkeit auch *keine Methode*, mit der wir aus dem Alltag fliehen können. Achtsamkeitsübungen haben die Absicht, uns in der Gegenwart zu verankern: den Atem in unserem Körper, mit unseren gegenwärtigen Gefühlen und Gedanken. Sie unterbrechen unsere gewohnheitsmäßige Flucht: Einen Großteil der Handlungen, die wir täglich ausführen, laufen in unbemerkten Routinen ab. Die Reihenfolge des Abtrocknens nach dem Duschen, das Frühstück, das Ankleiden, der Weg zur Arbeit, die Gewohnheiten in den Pausen und in der Freizeit – vieles geschieht, als hätten wir unseren Kopf auf Autopilot gestellt. Nur Störungen, seien sie körperlich durch Krankheit oder sozial durch Konflikte, wecken plötzlich unsere Wahrnehmung. Den Weg zur Arbeit bemerken wir, wenn wir im Stau stecken. Eigentlich entfernen uns blinde Gewohnheiten vom Alltag und bewusster Wahrnehmung. Unsere Gedanken sind ganz woanders. Eine Haltung ist achtsam, wenn das immer Gleiche so wahrgenommen werden kann, als wäre es neu und ungeheuer spannend. Da der Begriff der Achtsamkeit aus dem Buddhismus in die christlich geprägte Kultur importiert wurde, verwechseln ihn viele mit einer Religion.

Form der Beschränkung
Ernährung
Liebe
Medien
Kleidung
Besitz

Aber ähnlich wie alle Religionen Formen des Gebetes und der Meditation kennen, ist die Haltung der Achtsamkeit etwas Metareligiöses. Sie kollidiert nicht mit Lehrinhalten oder Dogmen, sie kann von Atheisten ebenso praktiziert werden wie beispielsweise Yoga, Karate oder Kung Fu; das sind alles ebenfalls spirituelle Übungen, die aus religiösen Zusammenhängen stammen. In der westlichen Medizin steht im Vordergrund, dass sich die heilende Wirkung von Achtsamkeitsübungen empirisch nachweisen lässt – ganz unabhängig davon, ob sie in Verbindung mit einer religiösen Haltung praktiziert werden. Ähnlich wie auch bei der Meditation besteht der Irrtum, bei Achtsamkeit ginge es darum, den Geist leer zu machen, also *nicht zu denken.* Da unser Gehirn permanent Gedanken produziert, kann es kein Ziel sein, diese Tätigkeit einzuschränken. Die Gedanken an sich sind wertfrei, belastend werden sie erst durch unsere Interpretation und durch Verwechslungen mit der Realität außerhalb unseres Kopfes. Es geht in Achtsamkeitsübungen darum, zu unserem grübelnden Kopf eine intelligente Beziehung zu entwickeln. Eine achtsame Haltung will dem Verhältnis zum eigenen Denken eine harmonischere Form geben. Schweifen Ihre Gedanken ständig ab? Quälen Sie permanent Sorgen? Grübeln Sie sich unglücklich? Sobald wir unachtsam, aufgeregt und nervös sind, sind wir unseren ungefragt auftauchenden Gedanken und Gefühlen hilflos ausgeliefert. Wir werden hingegen unabhängiger, wenn wir lernen, Gefühle zu beobachten und im Körper zu lokalisieren, und wenn wir Gedanken loslassen oder stoppen können. Achtsamkeitsübungen und Meditation schulen den Blick auf die typischen Muster, denen unser Denken folgt. Sie sind der Versuch, das eigene Denken und Fühlen kennenzulernen und damit Freundschaft zu

Es geht in Achtsamkeitsübungen darum, zu unserem grübelnden Kopf eine intelligente Beziehung zu entwickeln.

schließen. Sie setzen die Entscheidung voraus, sich dem zu stellen, was gerade geschieht – und es zu akzeptieren, ohne es einfach über sich ergehen zu lassen. »Jede momentane Erfahrung ist ein lohnendes Objekt für Achtsamkeit«, schreibt Christopher Germer dazu. Wir können innehalten, beobachten und uns zurücklehnen. Zumindest können wir diese Haltung einüben.

Die Akzeptanz der eigenen Unzulänglichkeiten entspannt das Verhältnis zu sich selbst. Es macht einen Unterschied, ob man ein paar Kilo zu viel auf die Waage bringt oder ob man sich zusätzlich dafür noch verurteilt oder gar hasst. Der Alltag in einer Kultur, in der eine mächtige Ernährungsindustrie Unsummen dafür aufbietet, uns zum permanenten Verzehr ungesunder Fertigprodukte zu animieren, ist herausfordernd. Auch mit Übergewicht sind wir noch liebenswert und »gehören dazu«. Psychologisch hilfreich ist die Erkenntnis, dass es viel leichter ist, abzunehmen und sich besser zu ernähren, wenn wir aufhören, uns der bissigen Selbstkritik auszuliefern. Ein gelassener Geist braucht keine Süßigkeiten, um den Frust zu bekämpfen. Achtsamkeitsübungen sind der Schlüssel, um überhaupt wieder Zugang zum eigenen Hungergefühl zu bekommen und die Geschmacksnerven von der Überzuckerung zu heilen. Kristin Neff widmet sich der Frage, »wie wir uns mit unseren Schwächen versöhnen« können, um schließlich unser Leben entweder zu akzeptieren oder es zu verändern. Allerdings verändern wir es für uns, nicht für andere. Selbstmitfühlendes Handeln beruht nicht auf Konkurrenz, Vergleich oder eigener Überschätzung – sondern praktiziert Selbstfreundlichkeit, Verbundenheit mit anderen und Achtsamkeit. Die Forschungen zum Selbstmitgefühl, das an die Stelle

**Die Akzeptanz
der eigenen
Unzulänglich-
keiten entspannt
das Verhältnis
zu sich selbst.**

eines permanenten Kampfes um den Selbstwert tritt, zeigen, welche Kraft eine gesunde Liebe zu sich selbst entfalten kann. »Wenn ihr erkennt, wie wichtig es ist, dass ihr euch selbst liebt, dann solltet ihr aufhören, anderen Leid zuzufügen«, lehrte bereits Buddha. Die gesunde Liebe zu sich selbst weitet sich aus zur Liebe zu anderen – zu *Nächstenliebe und Mitgefühl.*

Liebe, Gefühle und Spiritualität sind eng verbunden. Die vielleicht bedeutendste lebende Religionswissenschaftlerin, Karen Armstrong, schreibt: »Gefühl ist die tiefere Quelle der Religion«. Und sowohl für die Religion als auch für die Liebe ist *Spiritualität* die Grundlage. Kern dieser unergründlichen Phänomene sind also weder bürgerliche Regeln für ein gelingendes Eheleben noch Dogmen einer bestimmten Theologie. Unter Spiritualität wird in der modernen Psychologie die tiefe Verbundenheit mit Lebewesen, Übernatürlichem, der Natur und unserem Selbst verstanden. Harald Walach, Professor für komplementäre Medizin, versteht unter Spiritualität ein »explizites Bezogensein auf ein über das eigene Ich und seine Ziele hinausreichende Wirklichkeit«. Wir schauen über den Tellerrand und gehen davon aus, dass wir Übende sind, vielleicht sogar Anfänger. Im Kern von Liebe und Spiritualität finden wir eine *Offenheit des Herzens,* eine Bereitschaft, sein Denken, Fühlen und seine Wahrnehmung positiv zu ändern, zu kultivieren. Berührt wird hier eine philosophische Dimension: Der Mensch strebt nach Glück, auch nach Entwicklung und Einswerden. Den Prozess des Sichöffnens, des »Offenbarwerdens« beschrieb der Existenzphilosoph Karl Jaspers als einen *Liebenden Kampf.* Die tiefe und existenzielle Kommunikation mit anderen Menschen erfordert eine aggressionsfreie Anstrengung, einen Willen und den Mut, sich anderen und damit sich selbst zu stellen. Die Liebe und die Spiritualität ähneln einem Kampf, allerdings gibt es in ihm laut Jaspers keine Gewinner und Verlierer. Es geht nicht darum, jemanden zu besiegen. Es geht Jaspers um »die restlose Offenheit, um die Ausschaltung jeder Macht und Überlegenheit, um das Selbstsein des anderen so gut wie um das eigene. In diesem Kampf wagen beide rückhaltlos, sich zu zeigen und infrage stellen zu lassen«, schreibt Jaspers im zweiten Band seines Hauptwerkes *Philosophie*. Wer Tiefe in seinem Leben anstrebt, dem bleibt dieser Kampf nicht erspart – und die Mittel, Wege und Werkzeuge für den *Liebenden Kampf* interessieren seit Jahrtausenden auch die Weltreligionen.

»Die Liebe ist eine Fähigkeit. Man muss sie üben«, schreibt die Psychologin Barbara Fredrickson. Und diese Einsicht erinnert an die religiöse Forderung, sich nicht im Grübeln oder in leeren Absichten zu verlieren, sondern zu handeln. Tätige Liebe ist eine spirituelle Übung. »Sei behilflich deinem Nächsten wie dir selbst«, lautet eine wortgetreuere Übersetzung der wichtigsten christlichen Grundtugend, der Liebe, aus dem Alten Testament (Lev. 19, 18). Trotz berechtigter Kritik an den Amtskirchen gehören die Grundtugenden – Glaube, Liebe und Hoffnung – zu breit anerkannten Werten der westlichen Welt, und andere Kulturen zollen ihnen Respekt. Nicht umsonst bestehen die wohl häufigsten Tattoomotive der Moderne aus einem Kreuz, einem Herz und einem Anker. Sich und anderen behilflich zu sein: Darin enthalten ist die Aufforderung, sich selbst zu fördern und nicht zu schaden, sich selbst und anderen beizustehen. Im theologischen Verständnis beinhaltet *Nächstenliebe*

Beschränkung
Ernährung
Form der Liebe
Medien
Kleidung
Besitz

eine konsequente Selbstbejahung dadurch, dass ich andere liebe. Erst im Bezug zu anderen kann ich auch mich anerkennen; wir sind mit anderen verbunden. Gemeint ist dabei allerdings kein romantisches Gefühl einer passionierten Liebe – sondern eine *Handlung*. Die christlichen Kardinaltugenden finden keine Erfüllung im bloßen Gerede. Auch der Zen-Meister Thich Nhat Hanh betont: »Die Bereitschaft, zu lieben, ist noch nicht Liebe«. Die konkrete helfende Zuwendung wird als *Mitgefühl* oder als *Barmherzigkeit* bezeichnet, sie sind die Gegenbegriffe zu Zorn, Grausamkeit oder Hartherzigkeit. Viele romantische Zitate überhöhen die Liebe als das höchste Gefühl, als einen rauschhaften, paradiesischen Zustand. Aber »Liebe ist kein Gefühl, sondern eine bestimmte Art, in der Welt zu sein und zu handeln«, schreibt die Psychologin und Zen-Praktizierende Brenda Shoshanna. Buddhisten haben das Leiden im Blick und auch im Christentum geht man davon aus, dass die Tür zum Paradies verschlossen bleibt. Die natürliche Reaktion des Menschen auf das Leiden ist Mitgefühl. Die Liebe kann Leiden ertragbar machen, auch lindern, aber wohl nicht vollends beseitigen. Statt pathetischer Zitate über die Liebe benennt die christliche *Caritas* sehr konkret, in welchen Handlungen sich die Liebe ausdrückt. Statt inflationär von Liebe zu sprechen, ist der Christ aufgefordert, zu handeln: Unwissende belehren, Zweifelnde beraten, Mutlose und Trauernde trösten, Sündern vergeben und sie ermutigen, nervige Menschen geduldig ertragen sowie für andere beten – dies benennt der Katechismus als *geistliche* Handlungen der Liebe. »Die Hungrigen speisen, Obdachlose beherbergen, Nackte bekleiden, Kranke und Gefangene besuchen und Tote begraben«, sind die *leiblichen Werke der Barmherzigkeit*. Eines der wichtigsten kommt noch hinzu, ein Hauptzeugnis der Liebe, das auch zu den Hauptpfeilern des islamischen Glaubens gehört: das Almosengeben. Wer seinen Nächsten liebt, der spendet Almosen. Angesichts dieser kaum diskutierbaren christlichen Verpflichtungen wundert man sich über den fahrlässigen, ja manchmal beliebigen Umgang damit in einem sich christlich verstehenden Bürgertum und in Parteien mit dem großen »C« im Namen. Solange die westliche Welt sich mit dem Hinweis auf ihre christliche Kultur und deren Werte versteht und von anderen Kulturräumen abgrenzt, sollte sie öfter einmal in den Katechismus schauen! Nicht um zu frömmeln und zu moralisieren, sondern um *couragierter zu handeln*. Flüchtlinge aufnehmen, Hungrige speisen … es gibt genug zu tun, um einzulösen, was die christliche Religion fordert. Nichts widerspricht der Liebe mehr als Ausländerfeindlichkeit und Rassismus.

Neben der Selbstliebe und der Nächstenliebe gehört zu den wichtigsten Aspekten alltäglichen Zusammenlebens das Liebesleben in Form von *Paarbeziehungen*. Auch im Bezug auf diese romantische, passionierte Liebe pflegen wir Illusionen und Erwartungen, die reale Beziehungen oft überstrapazieren, statt sie zu bereichern. Was wir von Comics, Magazinen und Filmen, auch von schlechten Romanen mitgegeben bekommen, sickert tief in uns ein und macht das Liebesleben nicht gerade einfach.

In Frauen- wie in Männerköpfen geistern oft verzerrte Fantasien vom anderen Geschlecht herum. Die Ansprüche an beide Geschlechter werden immer paradoxer. Sie sollen widersprüchliche Erwartungen erfüllen, in nahezu jeder Hinsicht. Auf ganz reale Menschen zu treffen, kann

Form der | Beschränkung
Ernährung
Liebe
Medien
Kleidung
Besitz

daher schon zur Enttäuschung oder in extremen Fällen sogar zur Bedrohung werden. Selbst wenn wir versuchen, die zugewiesenen Rollenerwartungen zu erfüllen, wird das Leben uns früher oder später dazu zwingen, »die Person zu sein, die wir sind, und auch andere als das anzusehen, was sie sind«, schreibt die Paartherapeutin Brenda Shoshanna. Sie bezeichnet die romantische Überhöhung der Liebe als Rausch, als eine *täuschende Liebe*, die unsere Sicht auf Menschen und Beziehungen verzerrt. »Wahre Liebe baut auf Taten auf. Liebe ist kein Gefühl, sondern ein Tun. Wir treffen Entscheidungen und begehen Handlungen, die dem anderen dienen, ihn ehren und erheben«, kommentiert die promovierte Psychologin. Dieses Geben ist uneigennützig und löst keine Konkurrenz aus; wahre Liebe macht glücklich, hat aber keine Bedeutung im hoffnungslosen Kampf um den geringen Selbstwert. »Geliebt wirst du einzig, wo du schwach dich zeigen darfst, ohne Stärke zu provozieren«, schreibt der Philosoph Theodor W. Adorno.

Im Alltag sind wir gewohnt, Liebe als ein Gefühl zu verstehen. Zu den in allen Kulturen und genetisch angelegten menschlichen Emotionen zählt sie allerdings nicht. Paul Ekman oder Richard Davidson, die führenden Emotionsforscher, zählen Freude, Traurigkeit, Wut, Angst, Ekel und Überraschung zu den Basisgefühlen. Aber dennoch gibt es für Barbara Fredrickson viele Gründe, die Liebe als »das höchste Gefühl« zu bezeichnen, da sie beinah alles in unserem Leben beeinflusst. Sie färbt die Wahrnehmung, die Emotionsmuster, unser Denken und körperliche Prozesse. Die amerikanische Psychologieprofessorin erforscht seit langem positive Emotionen und wagt eine konkretere Definition der Liebe, die sie fassbarer macht:

»Wahre Liebe baut auf Taten auf. Liebe ist kein Gefühl, sondern ein Tun.«

Brenda Shoshanna

1.) »Sie teilen eine oder mehr positive Emotionen mit einem anderen Menschen;
2.) auf biologischer und Verhaltensebene existiert eine Synchronie zwischen Ihnen beiden;
3.) Sie beide werden von gegenseitiger Fürsorge motiviert.«

Eine solche Sicht der Liebe ist losgelöst von der Vorstellung, es ginge dabei vor allem um stabile, langandauernde Paarbeziehungen. Fredrickson nennt das, was wir unter Liebe verstehen, *Positivitätsresonanz*. Diese ist sicher auch die Grundlage für eine stabile Ehe und guten Sex, aber sie muss damit nicht das Geringste zu tun haben. In zahllosen Mikromomenten des Alltags können die seelischen und körperlich heilsamen Emotionen aufkommen, die wir Liebe nennen: im Miteinander während der Arbeit, im täglichen Kontakt mit den Nachbarn oder sogar mit Fremden, die uns nach dem Weg fragen. Die Wärme, die wir anderen entgegenbringen hat dabei ansteckenden Charakter – sie weckt die positiv-emotionalen Anteile des Gegenübers. Daher bezeichnet Fredrickson die Liebe auch als eine *soziale Emotion*. Andere Menschen oder sogar Gruppen »provozieren« die Positivitätsresonanz. Im Kontakt mit anderen kann eine Atmosphäre der Verbundenheit entstehen, wenn wir bemerken, dass wir »auf einer Wellenlänge« sind, eine Metapher für den körperlichen und seelischen Einfluss, den andere in der konkreten Begegnung auf uns haben können. Wir vergessen zu schnell: Nicht nur Spannungen und Wut übertragen sich, sondern auch positive Emotionen. Wir bemerken zum Bespiel, wie ein ruhig atmender und achtsamer Mensch beruhigend auf uns wirken kann, wenn wir in Panik geraten. Ein großer Teil der Liebe ist ein biologisches Phänomen. Liebe betrifft Prozesse in unserem Gehirn, das »Glückshormon« Oxytocin und den durch viele Bereiche des Körpers laufenden Vagusnerv. Dieser verbindet auch unser Gehirn mit der Herz- und Atemfrequenz. Liebe nimmt Einfluss auf unser Glücksempfinden und dieses steht in engem Zusammenhang mit unserem Immunsystem, mit Resilienz und der Kreativität. Positivitätsresonanz wird durch eindeutige Signale sichtbar: Das plausibelste, das sogar in der Evolution des Menschen eine Rolle spielt, ist das *Lächeln.* »Ein zweites Signal ist die Häufigkeit, mit der Sie beide offene und freundliche Gesten einsetzen, um sich aufeinander zu beziehen«, schreibt die Forscherin. Auch ob wir uns dem anderen *zuneigen,* uns ihm *zuwenden* und ob oder wie häufig wir *nicken,* zeigt die Mikromomente der Liebe. Dies lässt sich an anderen Paaren, zum Beispiel in einem Café, auch intuitiv leicht beobachten. Selbst wenn wir ihre Stimmen gar nicht hören, sehen wir, ob eine eher gespannte, abweisende oder harmonische Atmosphäre an den anderen Tischen herrscht. Wer Liebe als Positivitätsresonanz begreift, kommt zu dem Schluss, dass sie uns nicht als Schicksal zufällt oder wir auf die Liebe warten müssten. Wir können sie mit ein wenig Mut einfach *praktizieren.* Sie nimmt zu, wenn wir uns öffnen. Da Liebe nicht die gesamte Wahrnehmung plötzlich rosarot färbt, sondern aus Mikromomenten von Verbundenheit, Wohlwollen und Offenheit immer wieder kurzzeitig aufflammt und eine heilsame Kraft entfaltet, ist sie eigentlich ständig anwesend. Zumindest als Möglichkeit. Jeder hat die Erfahrung gemacht, dass selbst ein freundlicher Guten-Morgen-Gruß, eine unerwartete Nettigkeit, ein offener Blick oder ein Hilfsangebot plötzlich die ganze Situation, die ganze Atomsphäre für alle Anwesenden verändern kann. Barbara Fredrickson, die sich intensiv mit den biologischen Faktoren der Liebe beschäftigt, weist darauf hin, dass diese Mikromomente nicht über digitale Medien vermittelbar sind. »Liebe erfordert die physische und emotionale Präsenz. Und sie erfordert, dass Sie einen Schritt langsamer gehen.«

Wenn Forscher versuchen, die Liebe zu erkunden, stehen sie vor dem Problem, die Positivitätsresonanz in einer Gruppe zu steigern – und das Verhalten der Probanden mit dem einer Kontrollgruppe zu vergleichen. Dazu greifen sie meist auf eine empirisch nachweisbar wirksame buddhistische Meditationstechnik zurück. Mitgefühl oder »liebende Güte« sind zentrale Tugenden im Buddhismus; wer die Religion praktiziert, ist angehalten, diese einzuüben. Die sogenannte *Metta-Meditation* soll diese heilsamen Gefühle entwickeln und ausbauen. Wie in vielen Aspekten sind die buddhistischen Techniken überaus einfach, praktisch und wirksam. »Wenn wir *metta* praktizieren, wiederholen wir Sätze, die benennen, was wir uns wünschen, erst für uns und dann für andere«, schreibt die Meditationslehrerin Sharon Salzberg. Sie hat diese Variante buddhistischer Meditation im Westen bekannt gemacht und ein bedeutendes Meditationszentrum in den USA aufgebaut. Im Rahmen der gewöhnlichen 25- bis 35-minütigen Sitzmeditation werden in der Regel folgende Sätze dazu wiederholt:

»Möge ich frei sein von Gefahr.
Möge ich glücklich sein.
Möge ich körperlich gesund sein.
Möge ich leicht durchs Leben gehen.«
(Salzberg)

Nach einer gewissen Zeit werden die Sätze dann auf die Familien, die Freunde und schließlich auf problematische Menschen ausgedehnt, »Möge meine Mutter ...«, »Möge mein Kollege ...«. Das regelmäßige Praktizieren der Metta-Meditation fördert die Selbst- und Fremdliebe, sie nimmt Einfluss auf unser Fühlen und Denken. Und sie wird, so die spirituelle Sicht, auch für andere wirksam und mindert deren Leiden. Wie sehr das tätige Helfen nicht nur anderen, sondern auch uns selbst guttut, erforscht der Professor für Präventivmedizin Stephen Post. Wir tun, wenn wir anderen *Liebesdienste* erweisen, auch sehr viel für unsere eigene Gesundheit. Ehrenamtlich Tätige fühlen sich körperlich gesünder, ihr Engagement verbessert ihr Wohlbefinden und verringert Stress. Es ist inzwischen empirisch nachgewiesen, dass es einer regelrechten Therapie gleichen kann, wenn wir anderen freiwillig helfen. »Helfen wirkt wie ein Puffer gegen Hilflosigkeit und eine Bestätigung der eigenen Selbstwirksamkeit«, fasst Post seine Forschungsergebnisse zusammen. Auf diesen Zusammenhang kam der Forscher durch Hinweise seiner eigenen Mutter. Die schickte ihn als Kind weder zum Lesen noch zum Zimmeraufräumen, beides tat er oft, sondern sie fragte ihn: »Warum gehst du nicht einfach raus und tust etwas für jemand anderen?«. Manchmal ist es ganz einfach.

Viele lieben einen Menschen, mit dem sie gemeinsam wohnen und leben, Sex haben, vielleicht Kinder erziehen und eine Zukunft planen möchten. Solche romantischen oder kameradschaftlichen Liebesbeziehungen machen einen Großteil des weltlichen Alltags aus; wir werden neben einem anderen Menschen wach und gehen mit ihm abends zu Bett – oder wünschen uns das. Solche

Liebesbeziehungen sind keine Bedingung, um glücklich zu werden, aber wenn sie gelingen, können sie das Glück steigern. Ein Singledasein ist sicherlich erfreulicher als eine erzwungene Ehe oder als streitgeplagte Beziehungen, bei der nur die Fassade gewahrt wird. Ob gleich- oder fremdgeschlechtliche Liebe, ob lang andauernd oder wechselnd – heute existieren verschiedene Paarbeziehungsformen nebeneinander und es gibt keinen Grund, sie in Schubladen einzuordnen, sie zu idealisieren oder zu verteufeln.

In gelingenden romantischen Beziehungen tun Menschen sich gut. Daher ist die Neigung zu langfristigen und erfüllenden Liebesbeziehungen auch heute hoch, wo der Partnerwechsel kein Vergehen ist oder Ächtung nach sich zieht. »Zu den besten Arten von Liebe gehört die, bei der Partner einander dabei helfen, die Person zu werden, die sie gerne werden möchten«, schreibt die Psychologin Madoka Kumashiro. Sie hält die Erwartungen des jeweils anderen für selbsterfüllende Prophezeiungen. Ein solcher Prozess kann zu einer lebenslangen Entwicklung beitragen, auch wenn sich Beziehungen naturgemäß über eine lange Dauer verändern. Aus der Sicht glücklicher Paare besteht die eigene Beziehung aus gegenseitiger Förderung, gemeinsamem Wachstum und Wandel, aus Teamwork im Hinblick auf Stress und Leiden. Wir können zwar die Form unserer Beziehung bedenken und an ihr arbeiten, beginnen allerdings niemals an einem Nullpunkt. Liebe hat nie nur mit den beiden Partnern zu tun. Dass wir *internalisierte Beziehungserfahrungen* mit uns herumtragen, sollten wir nicht vergessen. Sie prägen die gegenwärtigen Beziehungen mit, und manchmal müssen sie überwunden werden. Das wohl bedeutendste wissenschaftliche

»Zu den besten Arten von Liebe gehört die,
bei der Partner einander dabei helfen,
die Person zu werden, die sie gerne werden möchten.«

Madoka Kumashiro

Modell der Liebe ist die Duplex-Theorie von Robert J. Sternberg. Der Psychologieprofessor kann sich zurecht vor Ehrendoktorwürden kaum retten, sein Modell ist genial, verständlich und praktisch zugleich. Für Sternberg ruht die Liebe auf drei Pfeilern. Die Dimension von gelingender Kommunikation, Vertrauen, Anteilnahme und Verständnis nennt er *Intimität*. Hinzu kommt die *Leidenschaft,* die aufregende und energiegeladene Begeisterung für den anderen, also »das Gefühl, von der anderen Person magnetisch angezogen zu werden«, wie er es ausdrückt. Die dritte Säule ist die *Verbindlichkeit*. Sternberg bezeichnet so die Bereitschaft, »eine Beziehung einzugehen und über eine lange, vielleicht unbegrenzte Zeitspanne aufrechtzuerhalten, komme was da wolle«. Diese letzte Dimension hält der Paartherapeut Tobias Ruland für unterschätzt. Die meisten Paare, die wegen Beziehungsproblemen in seine Praxis kommen, haben sich niemals mit aller Klarheit dazu entschieden, ihr Leben langfristig zusammen zu verbringen. Es fehlt an Verbindlichkeit und überhaupt am Bewusstsein, dass die Form der Beziehung einer aktiven Entscheidung und Prägung bedarf. »Ich will mit dir mein Leben verbringen!«. Wann haben Sie diesen Satz zum letzten Mal gedacht oder ausgesprochen? Und was folgt auf diese Entscheidung? Sicher keine Schicksalsergebenheit oder Passivität. Paaren wird die Qualität ihrer Bindung zueinander oft erst dann bewusst, wenn sie instabil wird – also zu spät. Dabei werden »alle anderen Puzzlesteine (...) durch den Grad an Bekenntnis zur Beziehung beeinflusst«, schreibt Ruland.

Verbindlichkeit wird oft durch äußere Formen vermittelt, die zwar kostspielig, aber psychologisch wenig bindend sind: die gemeinsame Wohnung, der Ehevertrag oder der Großevent einer kirchlichen, aber oft nicht christlich motivierten Trauung. In den Zeiten, in denen die Ehe noch als *Bund fürs Leben* verstanden wurde, gab es keine professionellen Hochzeitsplaner, und es wurde auch nicht ein Jahr vorher die Einladung verschickt. Es ist paradox, welcher Aufwand in Zeiten hoher Scheidungsraten für rein äußere Formgebung betrieben wird. Die hinter einer Heirat stehende und ausgesprochene Entscheidung, mit dem anderen sein Leben zu verbringen, verbindet; auch das christliche Sakrament selbst, aber nicht die Größe des Buffets, nicht der Event an sich. *Verbindlichkeit* als Säule einer tragfähigen Liebe meint »die getroffene Entscheidung für den Partner vor sich selbst immer wieder zu vertreten und sich selbst (und nicht primär den Partner) mit den unvermeidlich auftretenden Partnerschaftsproblemen zu konfrontieren«. In vielen langjährigen Beziehungen lösen Formlosigkeit und Bequemlichkeit die Liebe ab; man findet, es sei zu spät für einen Neuanfang, hat Angst vor materiellem Verlust, Alleinsein oder fühlt sich eingemauert in die häusliche und familiäre Routine. Obwohl in längeren Partnerschaften das Bekenntnis zur Beziehung in den meisten Fällen eine geraume Zeit zurückliegt, wird es nicht erneuert, sondern ein einvernehmliches Schweigen darüber praktiziert. Am Ende bleibt bestenfalls Fatalismus und schlimmstenfalls chronische Streiterei. Kinder, denen eine intakte Ehe nur vorgespielt wird, haben es später seelisch sehr viel schwerer als Scheidungskinder, deren Eltern kooperativ und liebevoll agieren. Kinder wünschen sich Eltern, die sich im Rahmen der unkündbaren Elternschaft verstehen – in welcher Form sie das tun, ist nicht entscheidend. Um es deutlicher zu formulieren: Eltern müssen zum Wohl ihrer Kinder eine Form finden, in der sie elterlich kooperieren können. Sie dürfen nicht eine verlogene Fassade aufrichten oder sich auf Kosten der Kinder permanent streiten.

Paare, die nur aus Gewohnheit zusammenbleiben, erkennen wir einfach am Verfall alltäglicher Formen: Sie schauen sich nur selten in die Augen, Begrüßung und Abschied sind keine innigen und sich wertschätzend zeigenden Rituale mehr, intime Themen oder überhaupt Zweisamkeit werden vermieden. »Ich bin immer wieder überrascht, wenn ich Menschen dabei beobachte, mit welcher Begeisterung sie Geschäftskollegen, Freunde oder weitläufige Bekannte begrüßen oder verabschieden, während sie ihrem eigenen Lebenspartner nicht einmal die Hälfte der Begeisterung entgegenbringen«, schreibt Tobias Ruland. Psychologen wehren sich auch dagegen, Sex bloß als schöne Nebensache zu bezeichnen; Ruland hält Sex für »eine ganz zentrale Hauptsache einer Zweierbeziehung«. Zu einem großen Teil besteht die leidenschaftliche Anziehung zwischen Menschen aus erotischem Verlangen. Aus Sicht der Forschung scheint Liebe keine Bedingung für Sex zu sein, Sex könnte aber eine Voraussetzung für eine langfristige romantische Liebe sein. Um Sex zu haben, ist Liebe nicht nötig – um sehr guten Sex zu haben, allerdings schon. Prostitution erzeugt nicht nur unsägliche Ausbeutung und psychisches Leid bei Frauen, sondern auch eine destruktive Illusion bei Männern. Störungen innerhalb des Schlafzimmers strahlen auf die ganze Beziehung ab – und auch umgekehrt verbauen fehlendes Vertrauen oder schlechtes Teamwork den Weg zum sexuellen Glück. Der Grund für Untreue wird primär in sexueller Unzufriedenheit innerhalb der Partnerschaft gesehen. Das Problem an Seitensprüngen ist nicht nur die Moral, sondern auch die psychologische

Folge: Solche Beziehungsmuster sind nicht tragfähig. Sie erzeugen eine Parallelwelt, sie zwingen zu Heimlichtuerei und Lüge – das alles erzeugt eine Menge Stress. Oft schaden sie längerfristig allen oder zumindest einem der Beteiligten, auch wenn in offenen Beziehungen vordergründig behauptet wird, alle wären sich einig. Vielleicht enthalten aus dieser Einsicht heraus viele religiöse Systeme den Hinweis, verantwortungsvoll mit seiner Sexualität umzugehen – um anderen damit nicht zu schaden.

Vielen Menschen ist Sex nur im Dunkeln geheuer, dabei könnte man sich selbst während des Orgasmus in die Augen schauen – »Sex mit offenen Augen ist selbstbestätigte Intimität in einer sehr direkten Form (...); man sieht sich und wird gesehen, und dies kann schön und befremdlich zugleich sein«, schreibt Ruland, der zugibt, dass wir hier über Zustände sexueller Trance reden, die an die Grenze sprachlicher Fähigkeiten führen. Offenes und ekstatisches Erleben von Sexualität ist schwer in Worte zu fassen, steigert aber fraglos das Glück. Und es erzeugt eine gewisse Dynamik nach Erweiterung der Erfahrungen. Auch wenn es literarisch und filmisch gegenwärtig meist noch miserable Massenware ist, welche die Neugier auf Bondage und sadomasochistische Praktiken spiegelt, so belegen doch die Verkaufszahlen von dazu notwendigen »Toys« eine Enttabuisierung verspielter Sexualpraktiken. Pornografische Filme und Romane sind vielfältiger, anspruchsvoller und anerkannter und nicht mehr nur »Schund«. Auch die körperliche Liebe in ihrer Komplexität hat immer einen Hang gehabt, sich in der Form von Erzählungen mitzuteilen, und Formen entwickeln sich – sie spielen auch für die Psychologie der Liebe eine entscheidende Rolle.

Beschränkung
Ernährung
Liebe
Medien
Kleidung
Besitz

Form der

Robert Sternberg erweitert daher sein Duplex-Modell um einen weiteren Aspekt. Liebe ruht nicht nur auf drei Säulen, sondern besteht aus *Geschichten,* die wir über sie im Kopf haben. Diese Erzählungen prägen und begleiten uns, sie sind variantenreich und dynamisch. Unsere inneren, teils unbewussten Geschichten der Liebe können Märchencharakter haben, sie können Horrorstorys sein, Utopien oder Reiseberichte, sie kennen keine Gattungsgrenzen. Sie verändern sich ohne unser Zutun. Die beiden sich liebenden Protagonisten können sich als investierende Unternehmer verstehen, als erfolgreiche oder tragische Helden. Es kann um Wagnisse, Abenteuer, happy endings oder Katastrophen gehen. Wir sind aufgewachsen und angefüllt mit diesen erlebten, erfühlten oder erdachten Geschichten. Manche davon mögen wir, andere nicht. Es ist wichtig, dass unsere Partner an den Geschichten Anteil nehmen, die wir selbst bevorzugen. Wer sich die Liebe als verruchtes Abenteuer erzählt, und darin Protagonist sein will, der wird nicht glücklich mit einem vor allem ökonomisch kalkulierenden »Unternehmer« werden können. Da in einer Liebesgeschichte zwei Menschen vorkommen, ist es naheliegend, dass es einen Reiz hat, sie sich gegenseitig zu erzählen. Unbewusst tun wir das vielleicht mehr, als wir meinen. Unsere eigene Liebesgeschichte als variantenreiche Form zu betrachten, die wir mit unserem Partner gestalten und leben können, macht Veränderung nicht zur Bedrohung. Geschichten streben zum Abenteuer oder auch zu Zurückgezogenheit und Idyll. Midori, eine berühmte Sexualtrainerin, schildert in ihrem *Book of Kink* eine Vielzahl von Geschichten jenseits des Mainstreams: »Passion rules my play. (...) Sometimes pushing the social norm may be just the hottest thing you can do.« Die

Gedanken sind frei – und die Liebesbeziehung kann zu einem weißen Blatt werden, das die Partner *gemeinsam* mit einer leidenschaftlichen Erzählung füllen. Gefühle, Handlungen und Geschichten geben unserer Beziehung eine Form – »One day baby, we'll be old, and think of all the stories that we could have told …«

4

FORM DER MEDIEN

»We shape tools and they in turn shape us.«

Marshall McLuhan

Beschränkung
Ernährung
Liebe
Medien
Kleidung
Besitz

Form der

Neil Gaiman geht in seinem Roman *American Gods* der Frage nach, was mit den alten Göttern passiert, wenn sie von neuen verdrängt werden. Die ehemals verehrten Protagonisten der europäischen Mythologie leben in der US-amerikanischen Gegenwart in erbärmlichen Zuständen und kämpfen gegen die erstarkten Ersatzgötter der neuen Welt – gegen Fernsehen und Internet, die im Roman zu bösen und starken Akteuren geworden sind. Sie sind auf einem Feldzug gegen die alten Traditionen, sie dulden keinen neben sich, weil sie selbst Götter sein wollen und nicht nur technische Apparaturen. Dass die Medien große Macht haben, zeigt der *Freizeit-Monitor* 2015, eine von der *Stiftung für Zukunftsfragen* durchgeführte Untersuchung: Für 97 von 100 Befragten ist Fernsehen ihre wichtigste Freizeitbeschäftigung, gefolgt von Radio, Internet und Telefon – jedenfalls dominieren Medien deutlich die Freizeit. Erst auf dem zehnten Platz findet sich »über wichtige Dinge reden«, also etwas, für das wir keine technischen Medien benötigen. Der Fernseher scheint zu einem Ersatzgott geworden zu sein, der Menschen narkotisiert. Fragt man nämlich, was Menschen gern häufiger in ihrer freien Zeit tun würden, dann finden sich auf den ersten zehn Plätzen der Nennungen gar keine Medien: Die Deutschen wären gern spontaner, würden gern öfter ausschlafen, mehr Ausflüge machen, öfter schwimmen gehen oder häufiger Freunde treffen. Was hält sie davon ab?

Die Macht des Fernsehens muss damit zu tun haben, dass die Kräfte von Religion und Aufklärung in manchen Milieus schwinden. Im Mittelpunkt fast aller Weltreligionen stehen heilige Schriften. Bücher zu studieren, ist zwar auch Mediennutzung, allerdings unterscheidet sie sich

Beschränkung
Ernährung
Liebe
Form der **Medien**
Kleidung
Besitz

vom digitalen Spielen oder Fernsehen. Um einer religiösen Schrift etwas entnehmen zu können, muss man einen gewissen Grad an Bildung erworben haben. Man muss lesen können und sollte mit Menschen im Gespräch bleiben, die einem bei der Auslegung helfen. Religionen und die Wissenschaften haben diesbezüglich eine ähnliche Kultur ausgeprägt: ein Schriftstudium, das in Bezug zur Historie, zur eigenen Entwicklung sowie zur kulturellen und gesellschaftlichen Gegenwart steht. Es dient der Selbstbildung, nicht der Unterhaltung. Da Bildung immer als Privileg galt, investierten Menschen viel Energie und Geld – sie *wollten* verstehen und kundig sein, weil es sie unabhängig machte. Sie wollten zu Recht selbst in der Bibel lesen, um einen Blick in die Quellen zu werfen. Die Interpretationen der Kirche liefen oft auf Unterdrückung hinaus.

Ohne den Buchdruck und die Möglichkeit, Bücher zu vervielfältigen, wäre der Aufbruch in die Moderne nicht möglich gewesen. In Renaissance und Aufklärung wollten die Menschen etwas über die Naturgesetze erfahren, ohne dass die Kirche die neuen Erkenntnisse zensieren konnte. Dem Lesen wird so viel Bedeutung beigemessen, weil es mit der spirituellen Kraft der Religionen und auch mit der Epoche der Aufklärung eng verflochten ist. Eine liberale, dem Menschen zugewandte Religion, reflektierte Aufklärung und Bildung lassen sich aber leicht boykottieren – indem man deren Leitmedien ablehnt. Ohne Lektüre kann man zwar leben, aber weder die spirituellen Wege der Religionen noch die westliche Aufklärung verstehen oder vertreten. Ein gebildeter Mensch liest. Daher die Neigung von Fundamentalisten, egal ob religiöser oder politischer Couleur, Bücher

Ohne Lektüre kann man zwar leben, aber weder die spirituellen Wege der Religionen, noch die westliche Moderne und Aufklärung verstehen oder vertreten.

zu verbieten und zu verbrennen. In ihnen stecken Freiheit und Kultur, Vernunft und Glaube – wenn sie fehlen, ist das die Lücke, die der Teufel lässt.

Die Sprache kam der Entwicklung technischer Medien kaum hinterher; sie fasst die Neuerungen nur unzureichend in Begriffe. Es ist irritierend, dass ganz unterschiedliche Tätigkeiten den gleichen Namen tragen, gerade im Hinblick auf die Formen der Medien. Ob analog oder digital fotografiert wird, ist ein großer Unterschied, auch wenn beides als *Fotografie* bezeichnet wird. Die historisch länger existierende Malerei hat eine Vielzahl von Bezeichnungen ausgeprägt – Ölbild, Aquarell, Kohlezeichnung, Radierung, Kollage, Siebdruck und so weiter. Auch ob wir einen Film im Fernsehen oder im Kino sehen, ist ein fundamentaler Unterschied. Der Monitor ersetzt nicht das Kino. Regisseure und Produzenten können davon ausgehen, dass der Zuschauer in einem abgedunkelten Saal konzentriert zuschaut, ähnlich wie in der Oper oder im Theater. Sie nutzen die Leinwandbreite für ihre Bildkompositionen und setzen das Interesse eines zahlenden Publikums voraus. All dies ist zu Hause nicht unbedingt gegeben. Die Bildmedien, ob bewegte oder unbewegte Bilder, begleiten unser ganzes Leben. Der Kunsthistoriker Gottfried Boehm bezeichnet diese neue Dominanz der Bilder als *iconic turn*. Es geht ihm um mehr als die Bildinhalte, er nimmt das ganze Medium in den Blick und fordert, interdisziplinär über sie nachzudenken. Boehm fragt nicht nur *was*, sondern auch *wann* oder *wo* ein Bild ist. Der amerikanische Bildwissenschaftler William Mitchell schreibt, dass Bilder ebenso wie Menschen eine Biografie haben können; sie führen ein Eigenleben und können zu Ikonen werden. Jedenfalls ist es erstaunlich, wie wenig wir über Fotos und Filme wissen, obwohl wir permanent welche erzeugen. Wir tun es einfach, weil unsere Smartphones es technisch ermöglichen. Aber während das mühsame Lesenlernen uns langsam an die Tätigkeit heranführte und wir auf das Verstehen und Deuten von Texten vorbereitet wurden, bleiben wir Bildern gegenüber meist naiv. Dabei verändern sie unsere Wirklichkeit. Wir vergessen, welche Unmengen an Fotos wir unbedarft erschaffen. Vilém Flusser, einer der wenigen, die Kommunikationsdesign und Fotografie als Hauptthemen der Philosophie begriffen haben, schreibt: »Die allgegenwärtigen technischen Bilder um uns herum sind daran, unsere ›Wirklichkeit‹ magisch umzustrukturieren und in ein globales Bildszenarium umzukehren.« Wir erinnern uns nicht daran, wie früh wir lernen, die zweidimensionalen Symbole der Fotografien und bewegten Bilder unbewusst zu entschlüsseln und für wahr zu halten. Wir sind in eine Welt technischer Bilder hineingeboren, wir sind davon umstellt und beeinflusst, ohne viel über sie und ihre Wirkung zu wissen. Boehm spricht von einer speziellen Fähigkeit, Bilder verstehen zu lernen, von *ikonischer Intelligenz,* die uns den Bildsinn erschließen lässt. Wir brauchen dazu Hintergrundwissen über Komposition und Wirkung von Bildern, über Farben, Licht und Schatten, über Symbole und ihre Herkunft, Proportionen und die manipulative Wirkung bestimmter Bildelemente.

Ebenfalls irreführend und unterkomplex wird der Begriff *Lesen* verwendet. Ob wir eine Speisekarte, den Bahnfahrplan, eine Betriebsanleitung, einen Unterhaltungsroman, die Rede eines Politikers oder einen juristischen Text, den Kommentar eines Journalisten, ein Gedicht, ein Sachbuch, einen philosophischen Text oder

Beschränkung
Ernährung
Liebe
Medien
Kleidung
Besitz

Form der

eine heilige Schrift lesen; Sprache suggeriert mit nur einem einzigen Wort – *Lesen,* dass diese Tätigkeiten etwas gemeinsam hätten. Beschäftigt man sich mit der wunderbaren *Geschichte des Lesens* des argentinischen Schriftstellers Alberto Manguel, zeigt sich die Vielfalt des alltäglichen Vorgangs. Die heiligen Schriften wurden laut gelesen und vor allem wiederholend. Oft entschied ein Lehrer oder Bibliothekar darüber, was gelesen wurde; sie empfahlen es je nach Entwicklungsstand und Absicht. Noch weit bis ins 20. Jahrhundert hinein bestanden die Buchläden aus einer Theke, an der man nach den Büchern fragte, die man kaufen wollte. Es gab kein Stöbern in den Regalen. Wer pornografische oder politisch-kritische Literatur erwerben wollte, brauchte gute Kontakte zum Buchhändler, außerdem Mut und Vertrauen. Manches wurde »unter der Theke« ausgegeben.

Religiöse Texte wurden je nach Epoche unterschiedlich ausgelegt, um doch im Kern eine Botschaft zu behalten. Religiöse, dichterische und philosophische Themen erschließen sich in der *Tiefe der Lektüre,* nicht in der Anzahl der absolvierten Seiten. Buddhistische Sutren oder christliche Gebete und Gesänge sind meist kurze Texte, die seit Jahrhunderten rezitiert werden und über die lange Kommentare verfasst wurden und werden. Mit jeder Wiederholung gelangt der »Leser« ein Stück tiefer in den Geist dieser traditionellen Schriftstücke. Der Künstler Anselm Kiefer hat dazu eine faszinierende Plastik entworfen: ein Regal, in dem Bücher stehen, deren Seiten aus alten Bleiplatten bestehen. Diese Platten stammen vom Dach des Kölner Doms – und zu ihnen herauf drangen seit Jahrhunderten Gesänge und Gebete der Gläubigen. Das Blei speichert, so suggeriert das Kunstwerk, auf subtile Weise die durch Wiederholung und Ritual praktizierte Spiritualität. Dass ein E-Book-Reader für solche Lese- und Meditationsformen nicht geeignet ist, liegt nahe. Die Anbieter werben nicht ohne Grund damit, man könne mit so einem Gerät spielend tausende Bücher mit sich herumtragen – es geht um die Masse; ähnlich wie bei den Streamingdiensten der Musikindustrie. Die Menge hält aber wahrscheinlich davon ab, auch nur ein Buch tiefer zu verstehen oder ein Album wirklich anzuhören. Alles steht zwar grenzenlos zur Verfügung, wird aber zur ungenutzten Möglichkeit. Es verleitet zum Häppchenkonsum – die Shuffle-Funktion zeigt die Beliebigkeit der Inhalte.

Wir leben in einer von Bildern dominierten Kultur. Joseph Beuys meinte, die Menschen seien viel zu *retinal* orientiert – es ginge viel zu sehr um das zweidimensionale Sehen. Auch andere bemerkten das Ungleichgewicht zwischen visuellen Reizen und den anderen Sinnen. Darin liegt wohl auch die zu große Verlockung des Fernsehens begründet. Es kennt keine Voraussetzung, man muss nichts können, um es zu tun. Da viele Wohnungen vom Standort des Fernsehers aus möbliert werden, schaut man nahezu von überall in seine Richtung. Das Fernsehen kommt dem Laster der Trägheit entgegen, es nutzt sie aus; die Fernbedienung erspart sogar den Weg, um das Gerät einzuschalten. Bei keinem anderen Medium haben sich Fernbedienungen ernsthaft durchsetzen können; Schallplatten werden noch immer von Hand umgedreht. Das Fernsehen hat einen Anteil am Übergewicht vieler Menschen, da es das Nebenbei-Essen begünstigt hat: Der Blick auf die Mattscheibe lässt die miserable Qualität von Billigprodukten vergessen und

Beschränkung
Ernährung
Liebe
Medien
Kleidung
Besitz

Form der

das Sättigungsgefühl wird nicht mehr wahrgenommen. Der Zuschauer isst, obwohl er mit den furchtbarsten Bildern konfrontiert wird. Das Fernsehen ist der größtmögliche Protest gegen eine Kultur der Achtsamkeit, es zerstört die Formen des Alltags – es macht passiv. Es ist wohldosiert kein Vergehen, aber wer TV aus seiner Wohnung verbannt, wird positive Erfahrungen machen. »Ich habe keinen Fernseher, damit ich nicht verpasse, was ich verpassen würde, wenn ich einen hätte«, schreibt der Lyriker Reiner Kunze. Vielleicht beruht die Neigung zum Fernsehen, die manche im Erwachsenenalter noch haben, auf einer falschen Vorstellung von Entspannung. Oft hört man, Leute seien am Abend nach der Arbeit einfach zu müde für alles andere. Körperliche und geistige Entspannung sind verbunden, aber auch zu unterscheiden: Wer körperlich hart arbeitet, braucht abends tatsächlich auch körperliche Ruhe. Wer den ganzen Tag liest und schreibt, will das am Abend nicht auch noch tun. Aber Fernsehen kommt keinem entgegen: Entspannung bedeutet, sich *aktiv* auf etwas anderes einlassen zu können. Es bedeutet nicht, sich zerstreuen zu lassen. Da wir den Übergang zwischen Kurz- und Langzeitgedächtnis nicht beeinflussen können, wissen wir nicht, welche Bilder tief in uns eindringen. Jeder hat die Erfahrung gemacht, Bilder gesehen zu haben, die er nicht mehr vergessen kann, unter denen er leidet. Viele Menschen haben ihre spezifische Erinnerung an ein Fernseh-Kindheitserlebnis und die angstvollen Nächte danach.

Das Fernsehen bedient die niederen Triebe: Psychologisch betrachtet wertet der Abwärtsvergleich Menschen mit geringem Selbstwert auf. Viele empören sich oder lästern gern über die Gestalten, die uns das

**Entspannung bedeutet, sich aktiv auf etwas anderes einlassen zu können.
Es bedeutet nicht, sich zerstreuen zu lassen.**

Unterschichtenfernsehen vorführt. Dabei steckt dahinter der Trick, den Zuschauer stillschweigend selbst dann aufzuwerten, wenn er nichts mehr tut außer fernzusehen. Viele schimpfen über die Qualität des Programms – dabei schimpfen sie eigentlich über sich selbst, weil sie dieses Programm trotzdem anschauen. Fernsehen und unreflektiertes Schimpfen haben ein inniges Verhältnis.

Seit Urzeiten hat der Mensch einen Bezug zu Medien. Der Medienwissenschaftler Werner Faulstich unterscheidet die großen Epochen der westlichen Medienkulturgeschichte. Am Anfang dieser langen Entwicklung steht die »Frau« als Medium in Form der verehrten Göttin und Urmutter in ihrem Stamm; später Feste, Tänze und frühes Theater; im Mittelalter die Kirchenfenster, Briefe, handgeschriebene Blätter und Wandmalereien. In der frühen Neuzeit beginnt das bürgerliche Zeitalter mit Plakaten, Zeitschriften, Zeitungen und Büchern als Leitmedien und im Industriezeitalter kommen Telefon, Schallplatte, Fotografie, Film und das Radio hinzu. Heute dominiert die Digitalisierung die Medienkultur, der Computer und das Internet sind Ausgangspunkte einer Vielzahl von Erfindungen. Dennoch: Medien verschwinden selten, sie werden durch andere ergänzt; nur ihre Dominanz verändert sich. Die verschiedenen Milieus und Schichten leben in unterschiedlichen Medienkulturen. Durch den technischen Fortschritt dominieren neue und schnellere Medien, während die jeweils »alten Medien« eine starke Aufwertung ihrer Qualität und Ästhetik erfahren. Der handgeschriebene Brief zum Beispiel gilt als ein zentrales und vor allem weibliches Leitmedium der Romantik im frühen 19. Jahrhundert. Gerade die Autorinnen haben ihn auf ein höchstes literarisches Niveau gehoben. Die Anzahl solcher Briefe, die heute ihre Leser und Leserinnen erreichen, ist sicher geringer als in der Zeit, in der Menschen noch ohne Whatsapp, Skype oder E-Mails auskamen. Allerdings scheint der Wert der handschriftlichen Briefkunstwerke, in feiner Füllhaltertinte verfasst, in selbst gestalteten Umschlägen und mit Sonderbriefmarken verschickt, durch die digitale Konkurrenz sogar zu steigen. Der Brief ist langsamer, teurer, vordergründig unpraktischer als die virtuelle Post. Aber er ist eben materiell und greifbar, individuell und bedeutend, er dokumentiert die Handschrift und damit die Seelentiefe des Verfassers. Er liegt auf dem Schreibtisch oder sogar unter dem Kopfkissen. Einen Brief zu bekommen, ist ein Ereignis, eine schöne Handschrift fällt auf und beglückt jeden Leser. Erst die bewusste Wahl eines aus rein praktischen Erwägungen »überflüssigen« Mediums macht es so einfach, damit eine außerordentlich positive Wirkung zu erzielen. In einer Zeit unpersönlicher Massenrundmails ist eine Weihnachts- oder Urlaubspostkarte etwas Besonderes. Einen guten Füllhalter, Briefpapier und -umschläge bekommt man in jeder Kleinstadt. Kolbenfüller waren einige Jahre vom praktischen Kugelschreiber zwar bedroht, werden heute aber in unüberschaubarer Vielfalt angeboten und gekauft. Das Schreiben mit einem Füllhalter nimmt Einfluss auf den Text selbst: Er erfordert langsameres Schreiben. Das passt gut zu einem Medium, das keine »undo«-Taste kennt, es gilt: Erst denken, formulieren und dann schreiben.

Auch die traditionelle Schallplatte ist wieder da; die Vinyl-Kultur dominiert unter den Musikfans und Sammlern konkurrenzlos. Das E-Book mag alle Textgattungen, die wir aus rein praktischen Gründen konsumieren, ersetzen – aber es kann keinen Roman oder religiöses Werk ersetzen, welches in feiner Ausstattung, wohlgesetzt und gebunden, eventuell mit Widmung oder Exlibris versehen in unseren Händen liegt. Bei näherer Sicht konkurrieren die Medien gar nicht untereinander, sondern sie sind durch ihr »spezifisches Leistungsvermögen«, wie Faulstich es nennt, gekennzeichnet. Die unreflektierte Verärgerung über bestimmte Medien beruht oft auf einer Verwechslung: Wer von einem Unterhaltungsfilm im Fernsehen etwas erwartet, was nur ein guter Roman vermag; wer ein Gemälde mit einer Fotografie, die Talkshow mit einer Zeitschrift, die Oper mit einem DJ-Set, ein Theaterstück mit einer Fernsehserie verwechselt, der schimpft zu Unrecht über ein bestimmtes Medium – seine Ansprüche sind verfehlt.

Ob sich ein neues Medium etabliert, ist weniger eine Frage der Technik als ein kulturelles Phänomen. Was auf kein tieferes Bedürfnis stößt, kann zwar erfunden werden, verstaubt aber oft in den Verkaufsregalen und verschwindet bald wieder.

Die »neuen Medien« sind historisch gesehen zwar jung, aber auch sie kommen in die Jahre. Tablets und Smartphones sind für *digital natives* etwas ganz Natürliches. Sie existierten schon, als sie zur Welt kamen, und viele nutzen das Internet als gewöhnliches Werkzeug, ohne ihm weiteres Interesse entgegenzubringen oder davon fasziniert zu sein. Bei der Nutzung des Smartphones ist das klassische Telefonat nur noch eine Nebensache; es ist primär ein kleiner Computer, der Musik speichert, die sozialen Netzwerke zugänglich macht oder zum Spielen geeignet ist. Ein Smartphone ist Wecker, Teeuhr,

Wettervorhersage und die Weltzeit; es enthält schlichte Spiele oder anspruchsvolle Apps zum Erlernen einer Fremdsprache. Wer heute also »neue Medien« sagt, so der Medienpädagoge Jürgen Sleegers, verrät vor allem etwas über sein eigenes Alter. Ein wiederkehrendes Phänomen in der Kulturgeschichte der Technik ist die harsche Ablehnung und Skandalisierung neuer Medien – die sich aber zugleich breit durchsetzen. Noch Ende des 18. Jahrhunderts, in Karl Philipp Moritz' autobiografischem Roman *Anton Reiser,* wird das Abrutschen des Protagonisten in die Obdachlosigkeit dadurch hervorgerufen, dass er beginnt, Romane zu lesen. Bis zu Goethes *Wahlverwandtschaften* galt die Gattung des Romans größtenteils als eine unmoralische Angelegenheit, als Unsitte und Gefahr. Schaut man in die pädagogischen Lexika der 1950er-Jahre, findet man unter dem Begriff Jazz eine Anzahl von Warnungen, die heute den Anschein erwecken, der Teufel persönlich hätte die Musikrichtung erfunden. Heute gehört Jazz zur Hochkultur, kann an Musikhochschulen studiert werden und wird in bedeutenden Konzertsälen gespielt. Jugendliche, die Romane lesen und Jazz hören, werden nicht mehr als Bedrohung für die Gesellschaft gesehen, sondern sind ihr Kapital.

Die Medien, die heute die Gesellschaft dominieren – Fernsehen, Computerspiele und Internet – üben eine starke Sogwirkung aus. Wer sie allesamt ablehnt, macht sich zum Exoten oder bekommt Probleme im Alltag und im Job. Nimmt man jungen Menschen ihr Smartphone weg, geraten sie in einen ganz ungewohnten Zustand. In Seminaren zum Zen-Buddhismus gebe ich Studierenden regelmäßig die »Hausaufgabe«, einen ganzen Tag ohne Smartphone und Internet zu verbringen. Sie sollen vom

Klingeln des Weckers bis zum Einschlafen offline bleiben, ohne Ausnahme. Alle müssen über diesen Tag einen kleinen Text verfassen. Die Ergebnisse sind in den letzten Jahren immer gleich: Die meisten berichten in ausschweifendem und rechtfertigendem Stil, warum sie diese Übung im Laufe des Tages abbrechen mussten. Die Gründe sind psychologischer Natur: Die Online-Existenz ist für viele zu einer unbemerkten Alltagssucht geworden. Offline steigt Unruhe auf, gerät das Selbstbild ins Schwanken, offline gibt es kein Entkommen mehr aus der real existierenden Gegenwart. Für viele jüngere Menschen ist es nicht auszuhalten, länger offline zu sein – ganz egal, ob die Außenwelt das interessiert oder nicht. Wer nicht gerade als Notarzt seinen Dienst tut, muss nicht erreichbar sein; es ist unsere innere Haltlosigkeit: Menschen reden sich ein, andere würden erwarten, sie seien online, weil sie es von sich selbst erwarten. Oder sie erliegen der Ungeduld anderer, die auf ihre belanglosen Nachrichten schnelle Antworten erwarten. Es herrscht eine sonst nur für Kinder typische Angst, etwas zu verpassen. Manche Studierende brechen das Seminar wegen dieser Übung ab. Kaum 30% halten den Tag durch – und von dieser Minderheit ist ein Teil eingeschüchtert, verunsichert, verängstigt und ein anderer angetan und begeistert, ja befreit. Drei Studierende haben sich zusammengetan und den ganzen Tag gemeinsam offline verbracht und waren davon so begeistert, dass sie es als Ritual fortsetzen wollen. Wer offline geht, macht die Erfahrung, dass nichts Schlimmes geschieht. Er löst nur die Verbindung zu einer selbstauferlegten virtuellen Abhängigkeit. Auf die zahllosen, die Emotionen manipulierenden Posts von Facebook zu verzichten, beruhigt, die Anzahl von Anrufen oder Mails ist viel geringer, als

Offline steigt Unruhe auf, gerät das Selbstbild ins Schwanken, offline gibt es kein Entkommen mehr aus der real existierenden Gegenwart.

Beschränkung
Ernährung
Liebe
Medien
Kleidung
Besitz

Form der

wir denken, die Nachrichten aus den vielen Gruppen betreffen uns meist gar nicht. Menschen, die uns jedes kleine Problem melden und täglich klagen, lösen plötzlich ihre Probleme ohne unsere Hilfe und steigern sich nicht in ihre Befindlichkeiten. Wir haben offline sehr viel mehr Zeit, sind konzentrierter und nehmen wahr, was vor uns liegt. Die maßlose Nutzung stört intime Situationen, führt zu Beziehungskonflikten und unterbricht persönliche Gespräche. Wir erleben die Kinderkrankheiten eines neuen Mediums, die sich hoffentlich auswachsen. Je normaler die Möglichkeiten der neuen Technik werden, desto souveräner wird der Umgang damit sein. Es ist heute sehr einfach, ruhig zu werden: Bahnfahren im Flugmodus, die Kopfhörer bleiben in der Tasche, die Hände halten ein schönes Buch. Joggen, Radfahren oder Spaziergänge – und das Telefon bleibt zu Hause. Das sind kleine Veränderungen, die große Wirkungen entfalten. Die Gegenwart enthält genug, ist immer spannend und es wert, wahrgenommen zu werden. Erst wenn wir das, was uns »wegbeamt« stumm schalten und weglegen, sind wir plötzlich dort, wo wir sind. Nur ein kultivierter Gebrauch, der mich nicht in psychische Abhängigkeit bringt, macht das Smartphone zu einem nützlichen Apparat. Das Gerät an sich ist gar kein Problem, es bietet unendlich viele Möglichkeiten. Der Medientheoretiker Marshall McLuhan bezeichnete die Medien als Erweiterung unserer Sinne – lange bevor das Smartphone erfunden wurde. Es scheint sogar Teil unseres Körpers geworden zu sein, es ist permanent in unserer Nähe. Da das Smartphone keinen Sendeschluss kennt, wird es zur Alltagsaufgabe, mit ihm umgehen zu lernen. Dem Verhältnis zu digitalen Medien eine intelligente Form zu geben, ist eine psychische Leistung – und eine der wichtigen Aufgaben der Gegenwart. Jeder aktive Umgang beginnt mit der Fähigkeit zur Distanz, nur so kann eine gesunde Verbindung entstehen.

In der Regel behandeln wir Massenmedien stillschweigend so, als könnten sie die Realität abbilden. Da wir unser Wissen meist aus den Medien beziehen, scheint uns keine Wahl zu bleiben. Wirken die bereitgestellten Informationen irritierend, haben wir verschiedene Möglichkeiten. Eine wäre eine gewisse *Lernfähigkeit,* ein beginnendes Gespräch über die Berichterstattung oder das Berichtete. Eine andere: Wer unzufrieden mit dem Gezeigten ist, beginnt auf die einseitige Berichterstattung zu schimpfen. Gerade in Bezug auf politische oder soziale Themen möchten manche Gruppen von bestimmten Ereignissen lieber gar nicht erfahren und glauben an das Märchen einer »Lügenpresse«, die systematisch manipuliert sei. Die etablierten Massenmedien hingegen manipulieren die Realität nicht, sondern sie *erfinden* eine eigene Realität. Der Soziologe Niklas Luhmann hat in seiner faszinierenden Medientheorie darauf hingewiesen, dass jedes Medium eine ganz spezifische Realität konstruiert und der Betrachter mit der Wahl des Mediums zwischen diesen unterschiedlichen Konstruktionen wählen kann. Er kann hingegen keinen *direkten* Zugang zur Realität wählen. Es ist naiv davon auszugehen, Massenmedien könnten objektiv sein oder »neutral«. Lässt man diesen Anspruch fallen und gesellt sich das Wissen um die spezifischen Strukturen der jeweiligen Medien hinzu, werden sie zu einer Bereicherung. Geben wir unserer Rezeption eine Form, sind Massenmedien unterhaltend, informativ und lehrreich. Schaut man die Realität der jeweiligen Medien an, so sortieren sie sich schnell. Das

Beschränkung
Ernährung
Liebe
Medien
Kleidung
Besitz

Form der

Fernsehen kann uns ans Sofa fesseln, unser Selbstbild aufpolieren, Trash und Unterhaltung vollendet präsentieren. Zeitungen, vor allem überregionale, sind noch immer zentrale Instanzen anspruchsvoller Information und Meinungsbildung, auf die Entscheider und Entscheiderinnen in allen wichtigen gesellschaftlichen Bereichen zurückgreifen. Ihre Berichterstattung bildet den Kern des demokratischen Alltags, und alle anderen Medien reagieren darauf. Aus Zeitungen lässt sich täglich etwas lernen – und sie bieten Entspannung, weil wir sie auf Papier lesen und oft den Rest des Tages vor digitalen Geräten verbringen müssen. Zu einem intellektuellen Leitmedium ist das öffentlich-rechtliche *Radio* geworden. Der Hörsinn ist an sich schon anspruchsvoll – er ist nicht so manipulierbar durch die Sensationstricks der Bilder. Der öffentlich-rechtliche Hörfunk, an erster Stelle der Deutschlandfunk, sperrt sich gegen immer kürzere Formate, widmet sich sperrigen Themen und Personen, beteiligt die Hörer und ist in Bezug auf Musik eine konkurrenzlose Bildungsinstitution. Der Hörfunk ist, abgesehen von geringen Gebühren, kostenfrei. Die anspruchsvollen Sender verzichten weitgehend auf Reklame. Obwohl das Nebenbeihören eine größere Rolle spielt als früher, geraten die Inhalte deshalb keineswegs unter die Räder. Ob Frühstücken, Autofahren, Hausarbeit, Aufräumen, Zeit allein verbringen – dabei Radio zu hören kann eine intelligente Bereicherung sein. Die Sender informieren schon am frühen Morgen darüber, was die internationale Presse schreibt, wir können Lesungen aus Romanen hören, die noch gar nicht erschienen sind, wir hören die O-Töne der Politiker und Politikerinnen zu so früher Stunde, in der die trägen Geister noch schlafen. Wir können an Konzerten, Gottesdiensten oder Festivals hörend teilnehmen; und sind nicht ans Sofa gefesselt. Die Menschen, die im Radio zu hören sind, lassen sich nicht blenden von der Telegenität, vom Schein der Attraktivität – wer im Radio auftritt, muss etwas zu sagen haben und es auch formulieren können. Die Experten dort müssen Experten oder Expertinnen sein. Sie werden nicht eingeladen, weil sie aussehen, wie Menschen aussehen sollen, wenn sie in einer Talkshow sitzen. Sie müssen nicht in wenigen Sekunden die Welt erklären. Der Unterschied der Berichterstattung fällt durch diese Strukturbedingungen sofort auf. Das Radio erfindet, medientheoretisch, ebenso eine eigene Realität wie andere Medien auch – die Qualität dieser Realität ist allerdings sehr viel höher, sie ist kultivierter und angenehm unspektakulär. Der Hörfunk nutzt nicht die Distanziertheit des Sehsinns aus, manipuliert nicht über Bilder die Emotionen – er nutzt die Offenheit und Tiefe des Hörsinns. So wie die Philosophen die Ernährung lange unterschätzt haben, so hatten sie fatalerweise auch wenig Interesse am Hören – dabei hält »das Hören (...) die Welt nicht fern, sondern lässt sie ein«, wie der Philosoph Wolfgang Welsch schreibt, der eine Aufwertung der Kultur des Hörens fordert. Wir sind hörend sensibler, offener und auf das Soziale bezogen. Das Radio oder eine hochwertige Musikanlage erzeugen somit eine andere Realität als das Fernsehen oder ein Computerspiel. Die Qualität der Klangreproduktion hat direkten Einfluss auf unser Urteil über die gehörte Musik; daher werden der Computer und MP3-Formate die klassische HiFi-Anlage nicht ersetzen können. Medien formen unser Realitätsverständnis und unser Wissen. Sie stellen uns technische Formen, technische Realitäten bereit, die jeweils etwas Spezifisches leisten können. Je anspruchsloser sie sind, desto größere Sogwirkung üben sie aus und bedienen die Laster der Trägheit und der Völlerei. Qualitativ anspruchsvollere Medien werfen hingegen Licht ins Dunkel, auch wenn sie uns weniger Fragen beantworten, weil sie die Komplexität der Welt eher thematisieren, als sie vermeintlich zu reduzieren. Sie machen uns nicht passiv, sondern zu aktiven Hörern oder Lesern.

Vom ersten Klingeln des Weckers (oft eine App auf dem Smartphone) bis zum Einschlafen (während noch irgendwas flimmert oder dudelt) sind wir umgeben von Medien – denen wir aber dennoch nicht einfach ausgeliefert sind. Wir haben uns an eine gewisse Nutzung gewöhnt; vielleicht läuft der Fernseher nur, weil er eben immer schon bei den Menschen lief, bei denen wir groß geworden sind. Oder weil uns die Stille Angst macht. Ähnlich wie die unbewusst übernommenen Essgewohnheiten und Beziehungsmuster des Umfeldes läuft jedes Leben doch auf den Punkt zu, an dem wir innehalten und an dem wir »wir selbst« werden wollen. Es beginnt eine Emanzipation von alten Gewohnheiten, auch in Bezug auf die Mediennutzung, und es setzen sich die eigenen Neigungen und Bedürfnisse durch. Die Bedürfnisse der Gegenwart sind andere als die der Vergangenheit, die unsere Gewohnheiten geprägt haben. Nur weil das Umfeld an bestimmten Medien klebt und sich der Bequemlichkeit hingibt, bedeutet das nicht, es gebe keine Alternativen.

Trotz der Dominanz des Privatfernsehens gewinnen Spielkonsolen immer mehr an Bedeutung – und auch sie werden an den Fernseher angeschlossen. Die Verkaufszahlen sind hoch, der Markt gigantisch. Das Durchschnitts-

**Nur weil das Umfeld
an bestimmten
Medien klebt
und sich der
Bequemlichkeit
hingibt,
bedeutet das nicht,
es gebe keine
Alternativen.**

Beschränkung
Ernährung
Liebe
Medien
Kleidung
Besitz

Form der

alter der Spieler im Jahr 2014 betrug laut *Bundesverband Interaktiver Unterhaltungssoftware* 34,5 Jahre, 48% der Nutzer waren weiblich und 22% hatten einen Hochschulabschluss. Etwa 29 Millionen Menschen in Deutschland spielen regelmäßig an Computern, Konsolen oder Smartphones; acht Millionen waren über 50 Jahre alt. Der jugendliche, männliche und problematische Spieler ist also eine Randerscheinung. Die Computerspielekultur kann nur verstehen, wer selbst spielt. Ich gehörte nur einige Jahre, in der Frühzeit des *Commodore-64* dazu, dann verlor ich das Interesse und die Programmiersprachen zogen mich in ihren Bann. Heute ist die digitale Spielekultur so vielfältig wie die der Gesellschaftsspiele, der Welten des Unterhaltungskinos oder der Fantasieromane. Die Vielspieler der Triple-A-Spiele bilden heute eine Subkultur, die sich nicht mehr in einem spannungsvollen Verhältnis zum Mainstream befindet. Während Mods, Rocker, Punks, Hippies oder die Hiphop-Kultur mit ihren spezifischen Kleidungsstilen und ihrer Musik gegen die Gesellschaft protestieren, sind Gamer eher ruhige Konsumenten. Sie gehen nicht auf die Straße. In den marktrelevanten Segmenten dominieren »Sport«-Szenarien und Spiele, in denen virtuell getötet wird. Dies kann auf taktischere oder blutrünstigere Weise geschehen, auch in unterschiedlichen Kostümierungen als harter Cop, Drogendealer, Zwerg, Söldner, Cyborg, Ritter oder Soldat. Der Kampf der Subkulturen gegen gesellschaftliche Konventionen hat sich *in das Medium selbst* verlagert: Der Gamer hat nur noch Gegner im Computerspiel. Psychologisch bleibt die Frage offen, ob leidenschaftliche Computerspieler innerhalb oder außerhalb der virtuellen Welt ihr »wahres Ich« zeigen. Der slowenische Philosoph Slavoj Žižek wagt die These, dass sich innerhalb eines Egoshooters die tiefe Persönlichkeitsstruktur der Spieler zeigt und der Spieler sich im realen Leben psychisch eher verstellen muss. So erschreckend die Freude am Morden innerhalb der Spiele für Außenstehende erscheint, so unwahrscheinlich ist es doch, dass von ihnen eine größere Gefahr ausgeht als von gewalttätigen Filmen oder Romanen. In den gängigen Krimis wird die Gewalt ebenso maßlos gefeiert wie in manchen Spielen und Filmen. Gemessen an den Verkaufszahlen von Shootern müssten wir tausendfach mit der Mordlust junger Männer konfrontiert sein, die endlich auch in der eigenen Schule ihre Widersacher niederstrecken wollen. Diese Vorfälle bleiben aber Ausnahmen, die komplexere und andere Ursachen haben als den Einfluss bestimmter Medien. In Ländern mit frei verkäuflichen Schusswaffen, die dort zudem noch als Garanten für Freiheit und Stärke gesehen werden, sind Massaker an Schulen wesentlich häufiger. Der andauernde, auch wissenschaftliche Streit um gewaltverherrlichende Spiele zeigt aber, dass die Frage nach der Wirkung letztlich nicht geklärt ist. Psychologisch gesehen kann es nicht gesund oder heilsam sein, sich über Stunden in virtuellen Simulationen des Mordens zu bewegen. Aber wer sich dem extrem widmet, war schon *vorher* nicht gesund. Inzwischen ist der Diskurs über die Gewalt abgeflaut und das Thema der Computerspielesucht beschäftigt die Medien stärker. Dies ist erstaunlich, weil die in den gängigen, am Rande der Legalität laufenden Spielhallen praktizierte Sucht gesellschaftlich größeren Schaden anrichtet, aber keine Schlagzeile wert zu sein scheint. Derzeit sind die teuren Shooter eine Medienform, in der das Unheilsame dominiert, in der vor allem Männer destruktive Triebe ausleben und sich in eine simulierte Realität flüchten, in der es um sehr schlichte Aufbruch-Kampf-und-Sieg-

Szenarien geht, in der man töten muss, um erfolgreich zu sein. Aus moralischer Sicht fördern diese Spiele eher die Barbarei als die Kultur, obwohl am Rande auch Spiele auftauchen, in denen man ohne zu töten auf Umwegen zum Ziel kommen kann. Destruktive, kommerzorientierte Computerspiele beherrschen zwar die Schlagzeilen, bilden aber nur einen Teil der Spielekultur – für den Markt weniger rentable digitale Spiele sind meist harmloser Zeitvertreib. Die Computerspielekultur ist eine Unterhaltungsbranche, ähnlich dem Blockbuster-Kino, aus dem die meisten Sujets einfallslos übernommen werden. Das Erfolgskino adaptiert den Großteil noch immer aus Fantasieromanen oder Comicklassikern – also aus Büchern. Menschen vertrödeln ihre Zeit in der Bahn mit einfachen digitalen Geschicklichkeitsspielen, die an die erste Spielegeneration erinnern. Selbst an der Jugendkultur der Gewalt- und Militärspiele ist nichts neu. Die digitalen Spiele sind an die Stelle getreten, an der die Jungenkulturen der Vergangenheit mit Spielzeugwaffen kämpfend und rivalisierend durch den Wald liefen – das Kriegsspiel scheint in den Kindheiten des Westens fest verankert. Auch viele Männer jenseits der 20 bleiben in einer pseudo-soldatischen Leidenschaft fürs Militärische hängen, als wäre ihre psychische Entwicklung in einem bestimmten Stadium einfach stagniert. Es ist zu hoffen, dass Computerspiele von ästhetischem Wert die Szene erobern und es zur militärischen Abrüstung kommt, um spannendere Möglichkeiten digitaler Spielkulturen zu etablieren. Aber jedes Medium kennt seine Abgründe: Viele Romane konfrontieren uns mit einer Feier der Gewalt. Die Barockliteratur schildert die Bestialität des Dreißigjährigen Krieges im Detail und auch in den Kinder- und Hausmärchen der Brüder Grimm findet sich

Form der Beschränkung
Ernährung
Liebe
Medien
Kleidung
Besitz

enorme Grausamkeit. Die dokumentiert den jugendlich-männlichen Hang zum Kriegspielen; 1912 erschienen gleich zwei drastische Bücher für Kinder: Ein Blick in den Roman *Der Krieg der Knöpfe* von Louis Pergaud oder in die Fantasien des antisemitischen Autors Waldemar Bonsels und seiner *Biene Maja* zeigen das Militärische. Jugendliche lesen heute eher die immer ähnlich gestrickten Romane von Stephen King und weniger die anspruchsvolle Jugendliteratur; auch hier liegt der Fokus männlicher Leser auf Horrorszenarien. Die Generationen unterscheiden sich nur zum Teil in ihren favorisierten Medien, aber nicht unbedingt im Niveau der Medieninhalte. Über die Generationen hinweg begeistern Bücher und Schallplatten die Menschen.

Als Reaktion auf die Massenware digitaler Musikdienste setzen viele wieder auf den Wert und die Ästhetik von Vinyl. Statt alles zu besitzen und nichts zu verstehen, hat man weniger und geht in die Tiefe. Die Gestaltung hat wieder viel Raum und Boxsets in üppiger Ausstattung feiern die Möglichkeiten der Drucktechnik. Die Schallplatte verbindet plötzlich die Generationen; neben den alten Fotoalben erben viele auch die Plattensammlung der Eltern – die eine komplexe und hörbare Musikbiografie darstellt. Wie erschließt man sich die Plattensammlung des Vaters? Hört man sie chronologisch durch und notiert die plötzlichen Erinnerungen, die sich mit den Klängen einstellen? Oft ergänzt und verändert eine solche Sammlung die eigene. Es kann wundervoll sein, die Lieblingsplatten der Eltern zu hören. Und selbst wenn es nur ein kleiner Teil der Sammlung ist, der zum eigenen Geschmack passt – die Erinnerung ist schließlich nicht nur hör-, sondern auch sichtbar. Viele Cover wecken

Beschränkung
Ernährung
Liebe
Medien
Kleidung
Besitz

Form der

Erinnerungen an die Kindheit. Ähnlich kann es mit den Büchern der Eltern sein. Einige Medien verbinden sich mit der Biografie ihrer Nutzer; in Büchern finden sich Fundstücke, Widmungen und Anmerkungen; in den Plattencovern alte Preisschilder (Saturn, 4 DM), Konzertkarten und Zeitungsausschnitte. Die Formen der Trägermedien erzählen eine ganze Geschichte, manchmal ähnlich alter Postkarten und Fotoalben, die auf dem Flohmarkt landen. Solche persönlichen Mediengeschichten sind Ausdruck der Liebe zu anspruchsvollen Medien, sie sind Zeugnisse des Sammeltriebes, der Leidenschaft der Vorfahren. Zur Lebensphilosophie, die gerade die Popkultur ab 1963 mit den Beatles, den Rolling Stones und Bob Dylan transportierte, beginnt nicht nur eine neue Mediengeschichte der Tonträger. Die Popkultur entsteht aus der Vernetzung alltäglicher Dinge: Sie verschränkt provokante Kleidungsstile, Fachmagazine, Tonträger, Comics und Beat-Romane. Im Rahmen der inzwischen über 50 Jahre alten Revolution des Pop war die Kleidung, das Outfit, immer ein wichtiger Aspekt – die Kleidung ist nicht zu übersehen. Sie ist keine Nebensache, sondern sie bestimmt Körperhaltung, Bewegungen, Zugehörigkeit und Individualität. Wenn wir morgens wach worden, sind wir alle gleich. Aber dann ziehen wir uns an.

**Wenn wir morgens
wach werden,
sind wir alle gleich.
Aber dann
ziehen wir uns an.**

FORM DER KLEIDUNG

Beschränkung
Ernährung
Liebe
Medien
Form der Kleidung
Besitz

»My Adidas only bring good news, and they are not used as selling shoes,
(…)
We took the beat from the street and put it on TV, my Adidas are seen on the movie screen«

Run DMC

»Wer tolle Kleider trägt, hat ein besseres Leben«, glaubt Vivienne Westwood, die den Kleidungsstil der Popkultur seit den späten 1970er-Jahren entscheidend geprägt hat. Die Engländerin erfand den Look der Punk-Bewegung, brachte Korsett und Tweed zurück und nutzte Elemente aus der schwarzglänzenden Welt des Fetischs. Ihre Kollektionen ignorierten die steifen bürgerlichen Stilregeln und inspirierten immer wieder den Look europäischer Subkulturen. Ihre Ideen machten die Kleidung aufregend. Viele der einst provozierenden Stilelemente sind inzwischen im Mainstream angekommen: das Tragen von Sneakern oder Dr. Martens, bedruckten Shirts und Hotpants, Elemente aus Latex, Kapuzenpullis, Piercings und Tätowierungen. Über modebewusste Menschen wird gerade in Deutschland gern gespottet; mancher glaubt, es sei oberflächlich, sich eingehender mit Kleidung zu beschäftigen. Dennoch möchte jeder gut aussehen und sich wohlfühlen. Warum also ignorieren, wie man sich in der Öffentlichkeit zeigt?

Gerade die alltäglichen Dinge sind vielen fern – vielleicht weil unsere permanente Begegnung mit ihnen sie unsichtbar machen. Wir sind fast 24 Stunden am Tag bekleidet, werden in unserer Kleidung häufig von anderen gesehen und wir senden damit Botschaften. Es ist in unserer Kultur sogar strafbar, sich ganz unbekleidet in der Öffentlichkeit zu zeigen. Die Kleidung sagt etwas über die Person, die sie trägt. Das Urteil über die Kleidung anderer sagt auch etwas über uns selbst. Andere schätzen wir zuerst einmal von ihrer Kleidung ausgehend ein, sie ist ein wichtiges Orientierungssystem. Jeden Morgen gehen wir zum Kleiderschrank und müssen uns überlegen, wer wir heute sein wollen. Wir bringen uns in Form, indem wir auswählen, was zu den Anforderungen des Tages passt, in welcher Kleidung – in welcher Rüstung – wir bestehen können. Wir müssen uns vielen Erwartungen stellen. Da wir private und oft auch berufliche Kleidung heute selbst auswählen, wäre es korrekter, wenn wir von *Kostümierung* sprechen. Nicht nur eine Themenparty, Halloween oder Karneval verlangen von uns, dass wir uns verkleiden. Bei genauerer Sicht verlangt es jeder Tag. Es gibt keine »natürliche« oder »normale« Kleidung mehr; jeder Stil ist gewählt, gewollt und erfüllt oder bricht Konventionen. Es gibt unauffällige Kleidungsstücke, in denen man unsichtbar wird – aber selbst auch die unterscheiden sich in ihrer Qualität, selbst das Unauffällige unterliegt dem modischen Wandel. Auch die bewusst nachlässig gekleideten Menschen sahen vor zwanzig Jahren anders aus als heute. Es kann plötzlich angesagt sein, scheinbar ganz normal auszusehen: *Normcore* wird dieser Stil in der Modewelt dann genannt.

Die Vorstellungen darüber, wie wir uns sinnvollerweise auf der Straße zeigen, haben sich stark verändert. Mit dem stilistischen Verfall des öffentlichen Lebens begann eine *Tyrannei der Intimität,* wie der Soziologe Richard Sennett es nannte. Aus vielen modischen Provokationen ist bequeme Stillosigkeit geworden. Kleidung war immer eine öffentliche Angelegenheit, keineswegs eine subjektive oder private. Wir kleiden uns für andere. »Ich denke, alle sollten sich ein wenig Mühe geben, angenehm auszusehen, damit andere Leute beim Betrachten noch lächeln können. Es ist okay, sich leger zu kleiden und Shorts zu tragen, aber manche Leute auf der Straße sehen heutzutage aus wie Monster. (...) Du musst nicht auf der Straße in deinen Flipflops herumlatschen, als

Wir bringen uns in Form, indem wir auswählen, was zu den Anforderungen des Tages passt, in welcher Kleidung – in welcher Rüstung – wir bestehen können.

wärst du auf dem Weg zur nächsten Dusche. Das ist nicht leger, das ist lotterig«, sagt die über 90 Jahre alte Stilikone Iris Apfel in einem Interview des BLONDE-Magazins. Sie findet, wir sind es den anderen schuldig, ein angenehmes Erscheinungsbild abzugeben. Das kann in einer toleranten Öffentlichkeit der Großstädte in jedem Stil geschehen, und es ist viel weniger eine Frage des Geldes als angenommen. Die Reichen in Deutschland sind keineswegs besser gekleidet als arme Menschen; die große Auswahl an geschmackvollen Basics in den großen Modeketten ermöglicht es jedem, einen guten Kleidungsstil zu finanzieren. In Deutschland wird in die Qualität der Kleidung, wie auch in die der Ernährung, ein eher geringer Teil des privaten Budgets investiert. Bei Autos und Wohnungseinrichtung sitzt das Geld leider lockerer. Für manche Menschen besteht die Garderobe aus »Anziehsachen«, sie wird nur an der Bequemlichkeit gemessen und soll billig sein. Das ist allerdings auch nicht zu übersehen. Da die Kleidung für viele Menschen eine geringe Bedeutung hat, ist unsere Sprache über sie im Alltag auch eher schlicht. Mit einem kurzen Statement, etwas gefalle einem gut, sei hübsch (oder eben nicht), sei »cool« oder »hot«, ist es meist getan.

Wir wählen die Formen unserer Kleidung: Kostüme, in denen wir Agenturchefin, Student, Juristin, Gärtner, Illustratorin, Schwiegersohn oder Buchhändlerin sein können. Wir folgen dabei Drehbüchern, die unsere Kultur vorgibt. Das erste schreiben die Eltern, die uns anziehen, solange wir es nicht selbst können. Ähnlich wie die Mühsal des Lesen- und Schreibenlernens vergessen wir, dass es lange dauerte, bis wir uns selbst anziehen konnten. Sich die Schuhe selbst zubinden zu können, ist ein großer Schritt. Die Anweisungen des kulturellen Drehbuches werden allerdings immer unverbindlicher und abstrakter. Erwartungen sind zwar vorhanden, werden aber selten formuliert. Was zieht man auf Hochzeiten, zu Bewerbungsgesprächen, Fachmessen, Beerdigungen oder auf Partys an? Konkrete Anweisungen dafür werden kaum kommuniziert, die Wahl wird jedem selbst überlassen – und doch können wir over- oder underdressed sein. Gerade unsere Kultur ist sehr nachlässig und unpraktisch in dieser Frage. Von Künstlern oder Designern erwarten viele einen unangepassten Kleidungsstil, ohne dass klar wird, woran dieser sich festmacht. Die Abweichung ist in vielen Milieus zum Normalfall geworden, selbst in den »angepassten«. Auch Juristen oder Banker, die täglich Anzüge und Krawatten tragen dürfen, wählen bewusst Anzugtyp, Form und Farbe der Hemden und Schuhe. Nur für Außenstehende sehen die Protagonisten des klassischen Business-Looks identisch aus. Bei einem Meeting, in dem Ingenieure und Juristen – beide in Anzügen – aufeinandertreffen, erkennen die beiden Gruppen sich an den Details sofort!

Obwohl die gesellschaftlichen Erwartungen immer diffuser werden, bedeutet das nicht, dass die Kostümierung eine geringere Bedeutung hat. Sie spielt vielleicht eine größere Rolle als jemals zuvor, weil sie unsere individuelle Fähigkeit, geschmackvoll gekleidet zu sein, zeigt. Am Kleidungsstil versuchen wir immer etwas abzulesen, auch wenn wir uns selten darüber im Klaren sind, was. Eine Person nur nach ihrer Kleidung zu beurteilen, wäre verfehlt, und tatsächlich erleben wir immer wieder große Überraschungen. Zugleich liegen wir oft richtig, wenn wir von der Kleidung eines Menschen auf die Milieuzugehörigkeit, die Einstellung, Berufstätigkeit oder den Musikgeschmack schließen. Wir sind, ähnlich wie bei der Ernährung oder Mediennutzung, auch hier gezwungen, Formen einzuschätzen und uns zu geben – und diese Formen der Kleidung stehen in engem Verhältnis zu unserem Körper, unseren Neigungen, zu Selbstwertgefühl, Beruf und zur Einstellung. Da Über- oder Untergewicht eine Rolle spielt, ist der Kleidungsstil nicht unabhängig von der Ernährung. Und da die Medien ständig eine subtile Geschmackserziehung leisten, spielt natürlich auch eine Rolle, welche Programme oder Shows, Zeitungen oder Magazine, Blogs und Foren unseren Geschmack prägen. Sobald wir anderen Menschen begegnen, ist die Kleidung im Netz der alltäglichen Dinge das erste, was andere zu Gesicht bekommen; daher lohnt sich ein Blick auf ihre Formen und Funktionen.

Unsere Kleidung sendet Signale, sie ist nonverbale Kommunikation. Hässliche Klamotten kann man nicht schönreden, weil man sie sieht. Andere können sie »lesen«. Gedanken, Einstellungen oder Tätowierungen lassen sich zum Teil verbergen, unsere Kleidung nicht. Wenn die Kommunikation so unweigerlich Teil unseres Alltags ist, können wir fragen: Was macht die Kommunikation so wichtig? Woher bezieht sie ihre Antriebskraft? Der Philosoph Vilém Flusser hat darüber tiefergehend nachgedacht. Er ist einer der wenigen großen Denker, der Fragen des Kommunikationsdesigns, der Fotografie und der Schrift in den Mittelpunkt seines Schaffens rückte. Ihn interessierte weniger, ob sicher bei einem Empfänger ankommt, was ein Sender sendet – ihn bewegte die Frage, warum es Kommunikation überhaupt gibt und welche Funktion sie hat. Seine Antwort darauf ist verblüffend:

Unsere Kleidung sendet Signale, sie ist nonverbale Kommunikation.

Form der Kleidung

Beschränkung
Ernährung
Liebe
Medien
Kleidung
Besitz

Wir kommunizieren, um den Tod zu vergessen. Und dies tun wir auch mithilfe der Kleidung. Die Natur, in die wir als sterbliche Menschen eingebettet sind, kennt keine Trends oder Moden. Die Kommunikation ist für Flusser ein Protest gegen die Natur, in der wir »vollständig einsam und zum Tode verurteilt sitzen«. Positiv ausgedrückt enthält der Wille, sich schön zu kleiden, etwas Lebensbejahendes. Wir ergeben uns nicht, wir setzen die schöne Form gegen die Auslöschung aller Formen durch den Tod, auf den wir unweigerlich zusteuern. Das scheinbar oberflächliche Phänomen, sich zu kleiden, enthält also eine versteckte, aber sehr tiefe Dimension. Unsere Kleidung gibt Auskunft über unsere inneren Formen. Sie hilft uns, lebendig und aktiv zu werden, und zeigt, ob und wie wir mit Schönheit umgehen. Kleidung beeinflusst unsere innere und äußere Haltung. Sie dient zwar auch einem Versteckspiel oder kann schlicht funktional sein, insgesamt ist sie aber Teil einer Fluchtbewegung hinein ins Leben. Die Mode hält nicht inne, und wer sich mit ihr auf den Weg macht, genießt die Lust am Leben und zeigt den Willen, sich selbst und anderen zu gefallen, sich und andere zu erfreuen.

Mode in unserem heutigen Sinne gab es nicht zu allen Zeiten, sie ist eine Erfindung der Moderne. Noch im Mittelalter konnte der Mensch davon ausgehen, als unverwechselbares Individuum geboren zu werden. Er musste sich nicht beweisen, als Kind Gottes war seine Einzigartigkeit abgesegnet. Seit der Renaissance nimmt die Betonung von Subjektivität und Individualität permanent zu. Aber erst die Moderne hat das Leben zu einem Projekt gemacht, in dem wir nicht einfach sein können, wer wir sind, sondern uns zu etwas machen müssen. Diesem diffusen Druck können wir uns auch dann kaum entziehen, wenn wir über die Gegenwart nur den Kopf schütteln. Unsere individuellen Gedanken sind für andere verborgen, der Massenmensch ist daher auf der permanenten »Suche nach Individuation«, wie es die italienische Soziologin Elena Esposito nennt. Wenn alles flüchtig zu werden droht, hilft die *Verbindlichkeit des Vorübergehenden* – also der halbjährliche Stilwechsel dessen, was »in« und was »out« ist. Die Mode ist eine subtile Antwort auf die Frage nach unserem verborgenen Inneren. Wir wollen und müssen zeigen, dass wir unverwechselbar sind, wozu wir gehören und wovon wir uns abgrenzen. Also kostümieren wir uns als die, die wir gerade sein möchten, wissen aber zugleich, dass sich unsere Identität und unser Leben laufend verändern. Das Phänomen der Mode stattet die Kleidung mit einem Verfallsdatum aus, sie befreit uns von bindender Festlegung. Auch qualitativ gute Kleidungsstücke, wenn wir überhaupt in sie investieren, tragen wir selten bis sie alt und zerschunden sind. Oft gefallen sie uns nicht mehr, weil die Mode plötzlich andere Schnitte, Formen und Farben feiert. Das, was uns beim Kauf gefiel, erscheint uns im Extremfall dann geschmacklos. Das Betrachten alter Fotografien erzählt davon Geschichten. Zudem formuliert die Mode eine Vielzahl unausgesprochener Regeln, zum Beispiel was wir in welchem Lebensalter und in welcher Situation tragen sollten und was lieber nicht. Die Schwelle zum Kauf erscheint niedriger, wenn wir wissen, wir legen uns nur eine kurze Zeit auf das erworbene Kleidungsstück fest – in der nächsten Saison wird es andere Stile geben und die entwickeln einen beinah zwingenden Charakter. Gerade das Angebot für Frauen fegt beinah alles »Unmodische« vom Markt und erzeugt so wenig Alternativen zum jeweils

Beschränkung
Ernährung
Liebe
Medien
Form der Kleidung
Besitz

angesagten Trend. Selbst wer also ganz ohne Kenntnis der neuen Stile einkauft, auch wem es gleichgültig ist, der ist automatisch halbwegs kompatibel mit den Trends. Anderes wird nämlich kaum angeboten. Dies betrifft allerdings immer nur Teile der persönlichen Garderobe, »Basics« sind davon ausgenommen. Die Mode zwingt uns auch, sie nicht vollständig zu übernehmen, sondern überträgt dem Käufer die Pflicht, eigenständig zu kombinieren. Wir sind eingespannt in den subtilen Gruppendruck, der Extremen entgegenwirkt: Über gänzlich unmodische und geschmacklose Kleider lässt sich ebenso lästern, wie über die atemlose Abhängigkeit von den neuesten Trends. Wie wir uns positionieren, ist laufend Thema: mit Freunden, Partnern, Kollegen und Eltern. Vor vielen Anlässen stellt sich die Frage: Was ziehe ich an, was wird erwartet? Wir orientieren uns dabei an den Medien, die wir nutzen, aber: Wer exakt die Kleidung trägt, wie sie in der Werbung vorgeführt wird, macht sich ebenfalls schnell lächerlich. »Es ist die Mode selbst, die das Einbauen von kleinen Fehlern vorschreibt«, lesen wir in Elena Espositos Standardwerk zum Thema Mode. Der gesellschaftliche Druck, seine Individualität zeigen zu müssen, lässt die Bedeutung der Kleidung stark wachsen. Mit der Kleiderwahl können wir uns bekennen oder abgrenzen, wir können auffallen oder uns verstecken – in jedem Fall aber erzeugen wir eine »Illusion von Transparenz«, wie Elena Esposito es nennt. Jeder scheint sehen zu können, wer wir sind, wenn wir uns entsprechend kleiden. Die Möglichkeit der Mode zu folgen oder sie zu verweigern, erlöst uns von den »Qualen der Individualität«. Dass unter Kreativen damit ein Hang zum Spiel und zur Ironie verbunden ist, macht die Welt bunter. Ob sich unter einem schicken Anzug Tätowierungen verbergen, ob wir im T-Shirt und

Wir wollen und müssen zeigen, dass wir unverwechselbar sind, wozu wir gehören und wovon wir uns abgrenzen. Also kostümieren wir uns als die, die wir gerade sein möchten, wissen aber zugleich, dass sich unsere Identität und unser Leben laufend verändern.

manchmal in einem Hemd mit Manschettenknöpfen zur Arbeit gehen, an welchen Tagen wir unauffällig und an welchen mutig vor die Tür gehen, das entscheiden wir selbst. Wir lassen uns nicht mehr auf einen Stil reduzieren und genießen es, zwischen den gezeigten Identitäten zu wechseln. Erwartungen zu brechen, kann genauso ein Genuss sein, wie sie zu erfüllen. Da die Erwartungen an Kreative oft den Zwang zur Abweichung enthalten, dürfen sie alles tragen, was Form- und Stilwillen beweist.

Im Hinblick auf den Alltag unterscheiden sich Männer und Frauen zwar, aber in ihrem Umgang mit Ernährung, Mediennutzung und Liebe dominiert das Verbindende. Die Formen der Kleidung katapultieren die Geschlechter allerdings auf verschiedene Planeten; und das hat auf Ernährung und Mediennutzung wiederum Auswirkungen. Die Formen des Alltags sind nicht getrennt voneinander zu denken, sie schmiegen sich aneinander, sind enge Verwandte. Sie sind Stücke eines Puzzles. Schauen wir zurück in die Geschichte der Medien, zeigt sich die Erfolgsgeschichte der Frauenmagazine. Ihre Auflage ist bis heute enorm hoch und die Themen immer gleich: Es geht um die Kunst, sich zu kleiden, um Ernährung und Liebe. Die Kulturwissenschaftlerin Hannelore Schlaffer nennt sie die »Schule der Frauen«; die Magazine seien die »eigentlichen Lehrbücher«, die modernen »Orientierungshilfen für die Selbstdefinition«. Ein Blick in die vorrangig von Männern gelesenen Zeitungen und Zeitschriften zeigt ein ganz anderes Bild. Es geht in ihnen entweder um einen stärkeren Inhaltsbezug – die überregionale Tageszeitung – oder um Träume und Genüsse, die allerdings nicht suggerieren, der Leser habe ein Defizit. Im *Playboy* schauen männliche Leser auf schöne, leicht bekleidete

Frauen, auf teure Anzüge, Uhren, Motorräder und Autos. In materieller Hinsicht ist es eine überschaubare Welt der Accessoires, die viele mit »Männlichkeit« verbinden. Die meisten prestigeträchtigen Dinge können Männer einfach kaufen, wenn sie das Geld dazu haben. Sie müssen dazu nicht ihre Ernährungs- und Lebensweise umstellen, sie brauchen dazu kein umfassendes Selbsterziehungsprogramm und beißende Selbstzweifel. Ein Motorradführerschein reicht manchmal schon aus. In Frauenmagazinen schauen Frauen ebenfalls auf attraktive Frauen, mit denen sie sich allerdings vergleichen sollen. Und das tun sie, sehr intensiv und für sich allein: »Nie sind Frauen mehr bei sich, als wenn sie eine Modezeitschrift lesen«, schreibt Hannelore Schlaffer. Es ist nicht zu übersehen, dass Magazine für Frauen ein subtiles Bildungsprogramm liefern. Der Ratgebercharakter überwiegt: Es gibt Selbsttests, Checklisten, Diätprogramme und über potentielle Vorbilder wird berichtet. Frauen, die viel und schnell abgenommen haben, Frauen, die erfolgreich als Mutter, Ehefrau, Tochter und im eigenen oder sogar in »Männerberufen« sind, Frauen, die ihre Wohnung perfekt einrichten, die Kinder perfekt kleiden oder die im Showbusiness Karriere machen. Am liebsten alles zugleich. Die beiden Lernziele der nur vordergründig zur Unterhaltung dienenden Magazine sind ein gewisser Masochismus im Umgang mit sich selbst und einer diffusen Vorstellung davon, eine »Dame« zu werden. Die Zeitschriften präsentieren die jeweiligen Modetrends, die ihre Leserinnen attraktiver erscheinen lassen, mit der unterschwelligen Annahme, dass sie so, wie sie bisher sind, nicht genügen. Wer schön sein will, muss leiden – schlanker sein, besser geschminkt, raffinierter gekleidet. Oder, ein neuer Trend, sich mit Übergewicht plötzlich wohlfühlen. Was die

Magazine im Hinblick auf die Kleidung suggerieren, sind Selbstzweifel. Der Vergleich mit unter- oder übergewichtigen Models führt zum Gefühl, zu dick oder zu dünn zu sein; der Vergleich mit bearbeiteten Fotografien führt zu einem generell verzerrten Blick auf den eigenen Körper. »Alle Modezeitschriften zielen auf eine unglückliche Art von Selbstbespiegelung, und was als Lust, sich selbst zu gestalten, angeboten wird, entlarvt sich als Erziehung zu wollüstigem Selbstzweifel«, schreibt Hannelore Schlaffer in ihrem Buch *Mode, Schule der Frauen.* An die Stelle der Frage »Wer bin ich?« tritt »Wer sollte ich sein?«

Die Unterschiede zwischen Männern und Frauen im Verhältnis zur Mode betreffen vor allem den Aspekt der *Show.* Die Welt der Laufstege, exzentrischer modischer Phänomene, die Frage, welches It-Girl was trägt und damit Trends setzt, interessiert Männer in der Regel nicht. Männliche Kleidung ist, zumindest in den »wichtigen« Bereichen der westlichen Industriegesellschaften, bezogen auf Macht und Charakter. Modische Kleidung als exzentrische Show steht Männern inzwischen zwar mehr zur Verfügung, bleibt jedoch ein Randphänomen. Allerdings existiert etwas anderes, eine Art Uniform von Macht und Erotik, zu der jeder Mann einfach greifen kann: der klassische Anzug. Frauen werden an ihrem Outfit gemessen. Ihre Fähigkeit, sich zu kleiden, und ihren Fantasiereichtum müssen sie bei gesellschaftlichen Anlässen vorführen. Männer hingegen, die eine Krawatte binden können und gute Herrenschuhe besitzen, können sich innerhalb von 15 Minuten perfekt ankleiden. Sie müssen selten vor einem wichtigen Anlass shoppen gehen. Die Kunsthistorikerin Anne Hollander beschreibt diese Unterschiede in ihrem Meisterwerk *Anzug und Eros.*

Das Buch öffnet die Augen und macht nachdenklich. Im bürgerlichen Zeitalter setzte sich eine Regel durch, die es Männern einfach machte: Sie müssen sich »nüchtern und einander ähnlich« kleiden. Mit dieser Art bürgerlichen Mainstreams sind zwar heute viele Männer unzufrieden, doch wenn es wichtig wird, bleibt die Möglichkeit, zum Anzug zu greifen. Er kann seriös, formell, spießig oder cool wirken. Er erlaubt dosierte Auffälligkeiten, ohne das Grundschema zu verlassen. Da inzwischen auch die Kombination mit Sneakern etabliert ist, können Männer in der hohen Politik, in den Vorständen der Konzerne, aber auch Intellektuelle, Künstler und Museumsleiter, Werbeagenturchefs, Dirigenten, Film- und Popstars allesamt Anzüge tragen – die Details passen ihn an das jeweilige Milieu an. Er dient als universelles männliches Kleidungsschema von Macht und Erotik und doch überspielt er durch sein geringes Farbspektrum nicht den Charakter des Trägers.

Für Anne Hollander betrifft die Kleidung vor allem »Linie und Form« oder »Sex und Poesie« und nur nachrangig praktische Aspekte, Macht oder Geld. Wir wollen gut aussehen und anziehend wirken. Kleidung kommuniziert immer auch erotische Aspekte. Die Kostümierungen von Männern und Frauen zielen auf die Kommunikation der eigenen Körperlichkeit und sie senden Botschaften an das Gegenüber. Dies kann durch Körperbetonung, die Freilegung erogener Zonen oder elegante Verschleierung geschehen. In den letzten Jahren sind viele Elemente in die Frauenmode eingedrungen, deren Herkunft in Burlesk- und Fetischwelten liegt; auch das sind Verweise auf Sex. »Für die moderne Kleidung wurde Sexualität der fundamentale expressive Motor, der Quell des kreativen Spiels«, bemerkt dazu Anne Hollander.

Beschränkung
Ernährung
Liebe
Medien
Kleidung
Besitz

Form der

Ein anderer Einflussfaktor auf unsere Kleidung ist seit den 1960er-Jahren die Welt des Pop. Jedes Popkonzert zeigt, dass Fans sich gern an den Stars orientieren, die auf der Bühne stehen. Eine Zeit lang führte mich mein Heimweg an einem bekannten Konzertort vorbei, und ich sah oft die wartenden Fans vor dem Eingang. Allein durch ihre Kleidungsstile konnte ich auf die Musikrichtung schließen. In England begann diese Verbindung von Musik, Lebensstil und Kleidung mit den Teddy-boys der späten 1950er-Jahre. Auf die frühe Subkultur von Teds, Mods und Rockern folgten plötzlich die vier stilbewussten Mitglieder der *Beatles* und übten einen enormen Einfluss auf die Mode aus. Plötzlich trug man wieder Chelsea-Boots; ihre Frisuren – die Haare über den Ohren! – führten zu großen Generationenkonflikten und stellten das soldatische Männerbild der Zeit infrage. Plötzlich trug John Lennon Jeans, die er in den frühen 1960ern im Industriehafen von Liverpool gekauft hatte. Ausgehend von der Revolution des Pop breitete sich gegen Ende der 1960er-Jahre die Hippie-Kultur in den USA aus und es folgten in den 1970ern David Bowie und der schrille Kleidungsstil des Glam-Rock, schließlich Hardrock und Heavy-Metal, parallel dazu Funk, Soul und Discomusik … alles Kleidungsstile, die sich bis heute in der jeweiligen Szene mit großer Stabilität und eigener Formstrenge halten. Punk, New Wave und Gothic prägten die Kleidung; und schließlich etablierte die Weltkultur des Hiphop seit den frühen 1980ern den bis heute dominanten Stil der Urban Streetwear und Sneaker. Infolge der Breakdance-Bewegung wurde das Tragen von Turnschuhen zum Statement. Run DMC schließlich komponierten für ihre Adidas-Schuhe ein eigenes Stück, ohne dass dies mit Werbung zu tun gehabt hätte – es ging um ihre Lebensphilosophie, um die Ablehnung des weißen bürgerlichen Mainstreams. Dass die Subkulturen und ursprünglich revolutionär gedachten Stile kommerzialisiert worden sind, mindert die Grundbotschaft nicht. Wer Dr.-Martens-Stiefel trägt, signalisiert damit immer noch eine gewisse Unangepasstheit. Das Tragen makelloser Sneaker von Adidas Orginals oder der Klassiker von Nike drückt die Nähe zu einer gewissen Kultur aus. Die Bindung an die etablierten Sneaker-Marken ist groß und sie gleicht Bekenntnissen, auch wenn heute nicht immer klar ist, wozu. In Bezug auf den Hype um Sondermodelle unterscheiden sich Männer und Frauen in umgekehrter Weise: Vor allem Männer sind dabei die *fashion victims*. Sie jagen und sammeln Turnschuhe, folgen den neuen Trends und definieren sich darüber. Trotz einer Reihe von inzwischen zu Klassikern avancierten Modellen von Adidas, Asics, Nike und Puma gilt kein universelles, dem Herrenanzug vergleichbares Schema einer männlichen Streetwear. Sie hat das bürgerlich-männliche Schema durchbrochen, um schließlich ein alternatives, ebenso männliches einzuführen: Caps, Shirts und makellose Sneaker – alles wohl aufeinander abgestimmt, mit einer komplexen Sprache der Zeichen, Farben und Marken. Einzelne Schuhmodelle zitieren konkrete Künstler und Musikepochen: *Adidas Superstar* und Run DMC, *Nike Air Jordan* und Spike Lee, schließlich *Nike Air Force 1* und Jay Z.

Da die Popmusik der Gegenwart von einer *Retromania* befallen ist, also dem schöpferischen Bezug auf vergangene Zeiten, die man beinah selbst noch erlebt hat, werden Desert- und Chelsea-Boots getragen, Creepers und plötzlich auch wieder: Anzüge. Nick Cave, ein Urgestein düster-romantischer, bluesbeeinflusster Musik, trägt Anzüge. Er sagte dazu in einem Interview mit dem Galore-Magazin: »Es gibt für mich nichts Erbärmlicheres, als in einer Umkleidekabine zu stehen und Hosen anzuprobieren. Für meine Anzüge hingegen muss ich nichts weiter tun, als meinen Schneider anrufen.« Der klassische Herrenanzug in der Popmusik bedient und unterläuft zugleich das männliche Grundschema: in ironischer Weise bei den Beastie Boys, künstlerisch interpretiert bei David Bowie, in romantischem Rückbezug auf den frühen Blues bei Jack White oder Nick Cave. Die Anzüge behalten ihr Charisma, verbinden sich aber mit der revolutionären Geste des Pop.

Die Formenvielfalt der Postmoderne hat zur Spaltung zwischen immer raffinierter gekleideten und immer nachlässiger gekleideten Menschen geführt. An einzelnen Kleidungsstücken lässt sich das nur zum Teil ausmachen. Basecap, Jeans und begehrte Sneaker können als formvollendete Kombination ein Modestatement sein, ein differenziertes Bekenntnis, ebenso wie Herrenanzüge, Skinny Jeans, High Heels und die alternativen Hipsterstile der Metropolen. Die Rockabilly-Szene treibt ihren Stilwillen so weit, dass eigene Friseure, Shops, Modemarken, Tattoo-Shops und Magazine entstehen. Selbst die Wohnungseinrichtung, Autos und Motorräder folgen dem Formwillen der imaginierten Zeit von Bo Diddley und Elvis. Mit einer geschmacklosen, unbedachten Kombination aus den gleichen Einzelstücken, die sich für ihre Träger vor allem an Nützlichkeit und Bequemlichkeit orientieren, wird der Look lottrig und eine Zumutung für andere. Sogar das klassische Schema des Herrenanzugs lässt sich durch unpassende Krawatten, gewagte Hemdfarben und – gerade in

Die Formenvielfalt der Postmoderne hat zur Spaltung zwischen immer raffinierter gekleideten und immer nachlässiger gekleideten Menschen geführt.

Deutschland – minderwertige Schuhe zerstören. Je weniger kulturelle Vorgaben, je weniger gesellschaftlicher Konsens über die Form und Förmlichkeit der Kleidung, desto höher die Ansprüche an die Kompetenz, der eigenen Kleidung eine gute Form zu geben. Die Gefahr, overdressed zu sein, besteht in Deutschland allerdings selten. Der Blick auf die Straßen zeigt oft zu leger gekleidete Frauen und meist schlecht angezogene Männer. Dies hat Rückwirkungen auf unsere Körperhaltung, auf die Art, wie wir gehen, auf unser Benehmen, auf Selbstbild und Selbstgefühl.

Wer sich achtsam kleidet, prägt und bildet sich selbst. Wer sich gut kleidet, schätzt sich und andere. Es ist eine alltägliche Form, sich selbst zu verwöhnen, die Haltung zu stärken und andere zu erfreuen. Und dies dank Toleranz und Vielfalt der freien Gesellschaften in beinah jedem Kleidungsstil. In Formlosigkeit abzurutschen hat Folgen für alle anderen Bereiche des Alltags. Die Niederungen des Fernsehens, achtlose Ernährung, zu der auch die Neigung zum maßlosen Alkoholkonsum zählt, grobschlächtiger Umgang mit anderen und schlechte, ungepflegte Kleidung können einen fatalen Zusammenhang bilden. Daher gilt in Bezug auf Kleidung, was Karl Lagerfeld provozierend sagte: »Wer eine Jogginghose trägt, hat die Kontrolle über sein Leben verloren.«

Unser Verhältnis zur eigenen Kleidung verlangt einen genauen Blick und eine gewisse Liebe zu Kleidungsstücken. Es ist schließlich die *Liebe zu den Dingen* – sogar zu einzelnen Marken. Unsere Beziehung zum Materiellen, auch zum Konsum, steht im schlechten Ruf, uns zu Materialisten zu machen. Aber das Leben ist heute nicht mehr leicht einzusortieren zwischen dem unheilsamen *Haben* auf der einen Seite und dem heilsamen *Sein* auf der anderen. Alle bisher besprochenen Alltagsformen verlangen auch die Auswahl und den Erwerb von Dingen. Unser Verhältnis zu den Dingen muss neu geschrieben werden – es kann zum guten Leben beitragen.

5

FORM DES BESITZES

»Die Unordnung im Zimmer entspricht der Unordnung im Herzen.«

Japanisches Sprichwort

Beschränkung
Ernährung
Liebe
Medien
Kleidung
Form des Besitzes

Die Zeit, in der man über Geld nicht sprach, ist vorbei. Wir sind zu sehr darauf angewiesen, als dass wir alle Geldsorgen und Geldfragen nur mit uns selbst ausmachen könnten. Die alte These von Erich Fromm, der das Haben und das Sein gegeneinander ausspielte, ist – oberflächlich gelesen – zu einfach. Sie trifft nicht die heutige Lebensrealität schöpferisch tätiger Menschen und negiert in gewisser Weise die Lebensrealität. Unsere Beziehung zur materiellen Welt, zu »den Dingen« hat keineswegs nur eine oberflächliche, seelenlose Form. Manche Gegenstände haben eine Tiefenästhetik, sie sind nur scheinbar unbelebt. Konsum, Geld und Arbeit sind so dominant geworden, dass sie soziale Missstände und auch seelische Erosion erzeugen können – aber auch das Gegenteil trifft zu: Nachhaltiger Konsum, gesunde Arbeitsformen und gut verdientes Geld können das Glück steigern. Die Missstände beruhen vor allem auf strukturellen Ungerechtigkeiten eines Wirtschaftssystems, das die Gewinne individualisiert und die negativen Folgen der sozialen und ökologischen Kosten externalisiert. Aber die abstrakten Wirtschaftsprozesse haben auch eine subjektive Seite, jeder Einzelne geht täglich mit Geld um. Sobald wir den Konsum und unser Verhältnis zu den Dingen nur als Äußerungen niederer Triebe abqualifizieren, überlassen wir wichtige Aspekte unseres Lebens unüberlegten Handlungen. Dabei ist es nicht per se schlecht, Dinge oder Marken zu lieben. Nur bestimmte Formen einer pervertierten Beziehung zu ihnen bringen unheilsame Folgen mit sich. Der Konsum ist kein Phänomen, welches sich leicht definieren ließe – es gibt ethischen Konsum, der Menschen finanziert, die Gutes tun; es gibt rücksichtslosen, ausbeuterischen Konsum und all die feinen Schattierungen dazwischen. Es gibt zwar die blinde, fanatische Liebe zu

Marken, die zur Ersatzreligion wird, aber eben auch eine kritische Markenorientierung, die durchaus unser Glück vermehren kann. Über die Formen der Beziehung zu den Dingen nachzudenken und die Gestaltung dieser Form geistesgegenwärtig zu praktizieren, verändert die Welt mehr als die pauschale Ablehnung. Unser Alltag ist ein *Kosmos voller Gegenstände* und er ist bestimmt von einer Atmosphäre, welche die Dinge um uns erzeugen. Das Haus und der Raum, in dem wir uns befinden, Tische und Stühle, Kleidung, Parfüm und Schmuck an unserem Körper, unsere Nahrung und schließlich die Medien, auf die wir schauen – wir befinden uns (fast) niemals außerhalb einer geformten Dingwelt. Selbst die Natur, in die wir uns zurückziehen, ist meist eine durch menschliche Eingriffe geprägte Kulturlandschaft. »Reize lösen in uns immer auch (...) Empfindungen aus, die sich nicht auf die Botschaft, sondern auf die Gestalt beziehen, nicht auf ihre Funktion, sondern auf ihre Form«, schreibt der österreichische Philosoph Konrad Paul Liessmann in seinem Buch *Das Universum der Dinge*.

Man kann einen Füllhalter in gewisser Weise »lieben«, seine Schallplatten, eine Uhr, Porzellan oder Schreib- und Zeichenutensilien, Bücher, Kleidungsstücke und vieles andere. Sieht man Menschen dabei zu, wie viel Zeit sie ihrem Motorrad oder ihrem Auto widmen, wie sie es pflegen, warten, modifizieren oder konservieren, dann wird klar, dass dies keine rationale Beziehung zu einem unbelebten Gegenstand ist. Sie ist ein *inniges, bedachtes und formgebendes Verhältnis*. Wir erwerben gerne Dinge, die wir mögen – und halten diese dann für unser »Eigentum«. In einem tieferen Sinne gehört uns allerdings nichts: Wir meinen in der Regel damit nur die Dinge, die eine Zeit lang bei uns bleiben. Wir passen in gewisser Weise auf sie auf. Irgendwann gehen die Dinge, die wir besitzen, kaputt, wir wollen sie nicht mehr haben oder wir sterben. Sie *gehören* nicht eigentlich uns, vieles wird uns überleben. Da wir nackt geboren werden und auch nackt von dieser Welt gehen, besitzen wir vielleicht etwas, aber das ist kein Eigentum. Vor unserer Geburt besaßen es andere und danach werden es andere besitzen. Das mindert nicht die Freude, die wir empfinden können, wenn wir etwas gekauft haben – aber sich an dieses Teilzeitverhältnis zu erinnern, macht gelassener. Die Dinge, die wir besitzen, sind nur Lebensabschnittspartner. Eine Zeit lang können wir gute Hüter der Dinge sein, zu denen wir ein inniges Verhältnis entwickeln wollen. Geschieht dies in kultivierter Form, kann es uns glücklicher machen.

Ein altes Motorrad zum Beispiel ist für manche Männer ein Lebenstraum und dessen Marke eine Lebensphilosophie. Aus ingenieurwissenschaftlicher Sicht gibt es wahrscheinlich technisch ausgereiftere Motorräder als eine alte Harley-Davidson. Es ist aber eben rational nicht begründbar, wenn sich leidenschaftliche Verhältnisse zu den Dingen ausbilden. Es geht nämlich nicht nur um die einzelnen Dinge. Es geht um die *Vernetzung der alltäglichen Dinge* – es ist sinnvoll, sie in ihrem Zusammenhang zu erkennen, weil sie in gegenseitiger Abhängigkeit existieren. Nichts ist unverbunden. Und dieser Zusammenhang ist mehr als die Summe der einzelnen Elemente. Ein Motorrad von Harley-Davidson ist Teil eines Universums. In ihm verbinden sich, mehr oder weniger, Aspekte, die der Film *Easy Rider* thematisiert: ein großer Freiheitsdrang, der Verstoß gegen enge bürgerliche Konventionen, ein spezifisches Frauen- und Männerbild, ein

Kleidungsstil, das Unterwegssein, Rum und amerikanischer Whiskey, Hardrock, Motorradclubs und eigene Clubhäuser. Man muss kein Rocker sein, um solch ein Motorrad zu lieben, sondern kann auch in einer Bank arbeiten und sonntags zum Gottesdienst gehen – aber die Markenphilosophie suggeriert und transportiert etwas anderes, ein spezielles *ästhetisches Empfinden* einer Subkultur. Wahrscheinlich existieren mehr »innere Hells Angels« als tatsächliche Bandenmitglieder, genau wie es ein »inneres Mönchtum« gibt und nicht nur das Leben im Kloster. Wer als Außenstehender eine echte Rockerhochzeit besucht, dem wird das vor Augen geführt: Jack Daniel's und AC/DC, schwere Motorräder europäischer oder amerikanischer Marken, alte und neue Pick-ups, Lackierungen in Airbrush-Ästhetik mit einem Hang zu den Fantasiemotiven schwarzer Neoromantik, Oldschool-Tätowierungen, lange Männerhaare, Bärte, Pin-ups, Lederklamotten, Ringe, Fleisch vom Grill, filterlose Zigaretten und schwere Stiefel. Eine solche Vernetzung erzeugt zugleich ein geschlossenes Universum und ermöglicht in ihm Vielfalt, zum Beispiel im Hinblick auf die ausgeübten Berufe: vom Mechaniker bis zum Zahnarzt, vom Handwerker bist zum Juristen. Auf einer Rockerhochzeit, die ich besuchen konnte, versammelten sich Leute im Alter zwischen fünf und 70 Jahren, insgesamt über 120 Jahre Gefängniserfahrung und zugleich Anwälte und Zollbeamte – alle Mitglieder des gleichen Clubs. Für meine Krawatte, für meine vegetarischen Neigungen, den Hang zu Büchern oder moderner Kunst erntete ich wohlwollenden Spott. Mein Kleinstwagen hätte auf die Ladefläche der anderen Autos auf dem Parkplatz gepasst. Schließlich fuhr einer der Kerle mit seinem Ungetüm von schwarzem Geländewagen vor die

Halle, in der die Feier stattfand. Er trat auf die Bremse und gab Vollgas, bis die durchdrehenden Reifen alles in dichten weißen Rauch gehüllt hatte. Die Gäste jubelten, meine kleine Tochter floh vor dem Lärm und Gestank. Ich fühlte mich inzwischen wie ein freundlich aufgenommener Ethnologe und erforschte die Szenerie. Ich ging zu einem Mann mit Lederhose und Cowboyhut, um ihn zu fragen, warum der Kerl seine teuren Reifen auf diese Art zerstöre. Er starrte mich verständnislos an: »Ja, warum denn nicht? Das ist ein großartiges Geschenk für das Brautpaar!«

Ob wir nun Motorrädern oder anderen Dingen verfallen, spielt gar keine Rolle. Wichtig ist, dass mit den Leidenschaften immer auch Werte und Formvorstellungen verbunden sind. Im Universum der Dinge folgen unsere Handlungen oft Regeln, die für Außenstehende irritierend wirken können. Dennoch verfällt man auch mit Irrationalitäten nicht zwangsläufig einem kruden, einseitigen Materialismus. Viele unserer Verhaltensweisen sind nicht logisch, sondern psychologisch; viele sind irrational, deshalb aber noch nicht gleich unvernünftig. Es ist die Liebe zur Formgebung und Gestaltung, die sich im anspruchsvollen Verhältnis zu den Dingen äußert. Und das bedeutet nicht, dass Sneaker, Motorräder oder die Porzellansammlung einem wichtiger wären als der Lebenspartner. Geld ist wichtig, um Grundbedürfnisse zu befriedigen – und zu den Grundbedürfnissen kreativer Menschen gehört die Welt der Schönheit und diese manifestiert sich in Produkten, Bildern, Klängen, Texten, Kleidungsstücken und Genussmitteln, die erworben werden wollen. Geld ist wichtig, Reichtum nicht. Nun sind viele Alltagsgegenstände dadurch gekennzeichnet, dass wir sie über ihre Funktion hinaus gar nicht wahrnehmen. Außer wir beginnen in hingebender Weise über sie zu sprechen: Sobald wir die Aufmerksamkeit auf etwas richten, wird aus einem beliebigen Ding »überhaupt erst ein ästhetischer Gegenstand konstituiert«, schreibt Konrad Paul Liessmann. Ich habe ein kleines, gebrauchtes Auto, das mich solange nicht interessiert, wie es mich von A nach B bringt. Solange es fährt und das Radio funktioniert, ist es mir völlig gleichgültig. Dieses funktionale Verhältnis hält keine Bereicherung bereit, es ist reiner Pragmatismus. »Zumindest dort, wo die Unterbrechung des Alltags gesucht oder zumindest als beglückend empfunden wird, spielt die ästhetische Dimension eine entscheidende Rolle«, schreibt der Philosoph. Und dann spielen plötzlich Farbe und Form meines Autos eine Rolle. Auch einen gebrauchten Kleinstwagen wähle ich aus, er hat Einfluss auf mein Fahrverhalten, auf das Straßenbild, und wie man darin sitzt, bestimmt das Unterwegssein. Er ist, auch wenn mich Autos nicht interessieren, ein viel zu großes und teures Ding, als dass ich die Wahl dem Zufall überlassen könnte. Sobald ich durch bewusste Auswahl aktiv eingreife, wird aus dem sonst nur nützlichen Ding etwas Schönes. Geld vergrößert sicher den Spielraum der Auswahl, im Hinblick auf die Schönheit spielt es aber nur eine Nebenrolle.

Ein genauer Blick zeigt, dass wir nicht hässlich sein müssen, nur weil wir günstig einkaufen. Floh- und Wochenmärkte, Sperrmüll, Vintage, Basics von Deichmann und H&M, schließlich die Do-it-yourself-Kultur lassen viele geschmackvoller und auch aufregender aussehen als die misslingenden Versuche der Neureichen, die nicht wissen, wohin mit ihrem Geld. Wir schauen ihnen

Viele unserer Verhaltensweisen sind nicht logisch, sondern psychologisch; viele sind irrational, deshalb aber noch nicht gleich unvernünftig.

Beschränkung
Ernährung
Liebe
Medien
Kleidung
Besitzes

Form des

zu bei ihrer Unfähigkeit zu altern und schönheitschirurgischen Deformationen, beim Kauf von weißen, sündhaft teuren Scheingeländewagen, die sie vor dem Biosupermarkt parken. Geld kann nicht nur den Charakter, sondern auch die ästhetische Empfindsamkeit verderben. Auf der anderen Seite der Skala finden wir die Armut. Positive Ideologien einer nicht religiös inspirierten Armut fehlen heute im Gegensatz zu den späten 1960er-Jahren, in denen sie als antibürgerliche Geste, als Leben der Bohème oder als Modell der Avantgarde dienen konnte. Es ist heute schwerer, wenn man nichts hat. Konsum spielt eine größere Rolle, Marken sind sichtbarer und bedeutender als noch vor 100 Jahren. Die unguten Werte einer konsumorientierten Nachkriegsgesellschaft sind über Werbung, Erziehung und Sozialisation tief verankert. Wir haben diesbezüglich viele Illusionen: Wer genug Geld besitzt, der behauptet oft, es sei ihm gar nicht wichtig – aber eben nur, solange er es hat. Versuchen Sie einmal, 40 Tage lang mit so wenig wie möglich auszukommen, und zwar *im Alltag* – also kaufen Sie kein Essen mehr auswärts, sondern nehmen es mit, kaufen Sie sich keine Zeitung und gönnen Sie sich keinen Kino- oder Konzertbesuch und lassen das Auto stehen. Streichen Sie die Urlaubsreise. Versuchen Sie, einfach gar kein Geld auszugeben. Die Wirkung eines solchen Experimentes ist erstaunlich. Schon nach wenigen Tagen melden sich unsere verborgenen Abhängigkeiten vom Konsum und trüben die Stimmung. Das Einfühlungsvermögen in die größer werdende Gruppe der Gesellschaft, die gar kein anderes Leben kennt, wächst. »Not macht erfinderisch«, dieser Satz birgt zwar eine Wahrheit, aber er bezieht sich auf einzelne Krisensituationen und hoffentlich nicht auf die ganze Lebenszeit. Und er bezieht sich nicht nur auf Geld. Auch die Designer und Künstler, die behaupten, Geld sei ihnen nicht wichtig, besitzen dennoch eine ganze Reihe prestigeträchtiger Insignien: von Apple-Produkten, anspruchsvoller Software, Zeitungs- und Magazinabos, schönen Ateliers, stilvoller Kleidung, modischen Fahrrädern bis zum Haus in den Bergen und finanzieller Reisefreiheit. Auch das Interieur der kreativen Hipsterkultur, und das Wort ist nicht abschätzig gemeint, kostet Geld. Allerdings nicht unbedingt unmoralisch viel Geld. Dennoch: Schönes ist oft teurer – das ist eine traurige Erkenntnis. Nimmt man die Konsumverantwortung im Bereich der Ernährung noch hinzu, benötigen wir ebenfalls Geld, um ökologisch produzierte und fair gehandelte Produkte zu kaufen. Geld auszugeben, das man selbst verdient hat, hilft, die weite Welt, unsere Lebenswelt und uns selbst unmittelbar zu gestalten. Das *Haben* ist also keine Alternative zum *Sein*, es ist formgebend und wichtiger Teil des Soseins. Geld hat enormen Einfluss. Die Gefahren im Umgang mit Geld liegen zum einen in destruktiven Gefühlen wie Gier, Neid oder Geiz, wenn man zu viel davon besitzt; zum anderen im Sich-Verrückt-Machen, wenn man zeitweise verarmt. Im kreativen Leben wird es zur Aufgabe, beiden Extremen auszuweichen.

Unser Verhältnis zu den Dingen kennt zwei grundlegende Formen, mit denen wir alle mehr oder weniger zu tun haben – oder die wir erkunden sollten, um unsere Beziehung zu ihnen zu klären. Die Fähigkeit zu *verzichten* und die Fähigkeit zu *sammeln*. Erst sie machen uns bewusst, wie wir uns zu den Dingen, zum Konsum und zu Geld verhalten. In einer Gesellschaft, in der uns die Werbung permanent anregt, zu kaufen, ist die *Fähigkeit zur Konsumdistanz* zu einem der zentralen Elemente der

Bildung geworden. Ein gebildeter Mensch ist nicht abhängig vom unüberlegten Konsum, sondern gibt seinem Kaufverhalten eine kultivierte Form. Ein blinder, süchtiger Konsum war für Erich Fromm und auch andere der Anlass, sich Sorgen um das Seelenheil und die gesellschaftliche Entwicklung zu machen. Wird das Verhältnis zu den Dingen vom unbedachten Konsum bestimmt, also formlos, bringt das eine gewisse seelische Verkümmerung mit sich. Der Mensch wird dann wie eine Figur in den Romanen von Balzac, die an der Stelle, wo sonst das Herz schlägt, nur ein Portemonnaie haben. Um zu erkunden, ob das leidenschaftliche Verhältnis zur materiellen Welt eine heilsame oder unheilsame Form hat, kann man üben zu verzichten. Erst wer das Einkaufen zeitweise sein lässt, weiß, ob und wonach er süchtig ist. Die christliche *Kultur des Fastens* bietet dazu ein ausgeklügeltes und seit Jahrhunderten erprobtes Konzept. Das Fasten ist eine spirituelle Übung, die uns über den äußeren Verzicht innerlich befreit. Es ist eine Übung und erfordert ein großes Maß an Anstrengung, Ernsthaftigkeit und Mut. Die Zeitspanne von 40 Tagen macht das Ausweichen und Durchmogeln unmöglich. Die christliche Idee des Fastens bezieht sich keineswegs nur auf das Essen – sie ist universeller gedacht und lässt sich variieren. Sie bezieht sich nicht einmal nur auf das Materielle. Anselm Grün rät, »negative Gedanken« zu fasten, also sich den von Nichtigkeiten ausgelösten miesen Stimmungen nicht hinzugeben. Das Fasten ist sehr gut geeignet, um das Verhältnis zu den Dingen zu erkunden. Und die anderen grundlegenden Alltagsformen, die in diesem Buch thematisiert werden: Lassen Sie einmal 40 Tage lang im Laden stehen, was sie sonst gewohnheitsmäßig kaufen. 40 Tage ohne Fernsehen, Facebook oder Fleisch, ohne Shoppen oder

Das Haben ist also keine Alternative zum Sein, es ist formgebend und wichtiger Teil des Soseins.

ohne Autofahren, ohne Smartphone oder ohne Kopfhörer in der Bahn – eben ohne etwas, dass sie einfach tun, weil sie es »normal« finden, weil sie sich daran gewöhnt haben oder weil ihre Eltern es tun. Die langsam ausgeprägten Gewohnheiten lassen uns das Gefühl dafür verlieren, ob uns etwas guttut oder nicht. Der Entzug, der durch das Fasten entsteht, erzeugt oft, dass wir uns zurückziehen und zur Besinnung kommen. Wir gewinnen Zeit – Zeit, um nachzudenken. Warum nicht einmal 40 Tage ohne die Menschen verbringen, die uns Energie entziehen, die uns bremsen und nicht guttun? Wahrscheinlich geht es nicht nur Ihnen selbst damit besser, sondern auch denen, die Sie meiden.

Der Philosoph Walter Benjamin hat immer wieder über ein magisches und »rätselhaftes Verhältnis zum Besitz« nachgedacht – über das *Sammeln*. Es gibt auf dieser Welt wohl kaum etwas, das sich nicht in irgendeinem Museum oder einer Privatsammlung finden ließe. Schon Kinder beginnen damit: Sie sammeln Aufkleber, Spielfiguren, Hörspiele oder Comics. Mancher behält seine Leidenschaft für Kinder- und Bilderbücher bei und sammelt im Erwachsenenalter weiter, auch wenn er selbst gar keine Kinder hat. Der sammelnde Mensch befreit die Gegenstände von ihrer Nützlichkeit und fügt sie in einen neuen Zusammenhang. Sie können sehr wertvoll sein, aber ihr Preis bestimmt sich durch ihren Gebrauchswert. Der Sammler siedelt sie in der Nachbarschaft zu anderen, ihnen verwandten Gegenständen an. Man kann Bücher über die Beatles sammeln, ihre LPs oder nur eine ihrer Schallplatten in allen zugänglichen Pressungen. Sammeln hat keinen rationalen Kern, es bleibt eine geheimnisvolle Tätigkeit. Sammler haben, oft in Sorge um ihre

Wird das Verhältnis zu den Dingen vom unbedachten Konsum bestimmt, also formlos, bringt das eine gewisse seelische Verkümmerung mit sich.

Beschränkung Ernährung Liebe Medien Kleidung Besitzes

Form des

Sammlung, eine hohe Lebenserwartung. Sie sind in der Regel friedfertige, unermüdliche und stille Jäger, die umherstreifen, Kataloge inspizieren, spezielle Märkte und Fachgeschäfte aufsuchen. Gemeint sind nicht die Sammler, die zwar viel Geld haben, aber keinen Geschmack und die nur ihr Prestige erhöhen wollen oder als Gebildete erscheinen, nur weil sie Kunstwerke zu astronomischen Preisen ersteigern. Gemeint sind die, die nur ein Ziel verfolgen: »Gegenstände zusammenzutragen, um sie für das Auge auszustellen«, wie es der Historiker Krzysztof Pomian in seinem bedeutenden Essay *Der Ursprung des Museums* beschreibt. »Sammler und Konservatoren verhalten sich wie Wächter einer Schatzkammer.« Die Stücke selbst haben oft keinen Gebrauchswert mehr; wer eine LP von den Beatles in allen Pressungen sammelt oder alle über sie gedruckten Bücher, wird nichts Neues von ihnen hören oder über sie erfahren. Aber er erzeugt einen besonderen Raum, in dem die einzelnen Stücke sich in ein Kunstwerk verwandeln. Die Sammlung insgesamt bekommt den Charakter eines kleinen Museums. So gewöhnlich eine Streichholzschachtel sein mag, sehen wir sie eingereiht neben Hunderten anderer, erscheint sie plötzlich als Schmuckstück des Verpackungsdesigns. Die Gegenstände werden, als Teil einer Sammlung, zu Objekten der Nostalgie.

»Die alte Welt erneuern – das ist der tiefste Trieb im Wunsch des Sammlers«, schreibt Benjamin. »Jede Leidenschaft grenzt ja ans Chaos, die sammlerische aber an das der Erinnerung.« Der Philosoph beobachtete sich im Umgang mit seinen Büchern oder andere Sammler, wie sie die einzelnen Stücke behandeln: »Kaum hält er sie in den Händen, so scheint er inspiriert durch sie, scheint wie ein Magier durch sie hindurch in ihre Ferne zu schauen«, schreibt er in seinem *Passagen-Werk*. Das Sammeln erzeugt nicht nur ein eigentümliches Verhältnis zu den Dingen, sondern auch eigene Orte und Medien: von Regal-, Vitrinen- und Schranksystemen über Auktions- und Museumskataloge, spezielle Verzeichnisse, Fachmagazine, Boxsets bis zu Bibliografien und den Museen selbst. Schriftsteller, Wissenschaftler, Künstler, Philosophen und Journalisten sammeln oft selbst und sie widmen sich immer wieder in Essays und Aufsätzen großen Sammlungen oder Sammlern, sodass eine eigene Literaturgattung entstanden ist. Das Sammeln erzeugt auch eigene Orte: Das Hinterzimmer einer kleinen Galerie in Bonn zum Beispiel beherbergt eine bedeutende Privatsammlung alter Kaffeemühlen. Der Raum wird dadurch zu einem kleinen Museum. In einer Kaffeebar in Köln hängt ein Rahmen, in dem die Inhaberin die kleinen, skurrilen Skulpturen gesammelt hat, die Gäste aus den blauen Papierchen geformt haben, in denen das Stück Schokolade zum Kaffee eingepackt war. Sie geben Auskunft über das Befinden der Café-Besucher und die Sammlung ließe sich endlos fortsetzen, ohne langweilig zu werden. In Berlin existiert ein Museum für Buchstaben, das sich der Bewahrung und Dokumentation von Schriftzügen des öffentlichen Raumes widmet. In vielen gewöhnlichen Privatwohnungen finden sich Regale oder Schränke, in denen die kleine Sammlung von Porzellan, von Büchern oder Schallplatten ihren Platz findet. In Küchen stapeln sich vielleicht Kochbücher oder Zuckerdosen vom Flohmarkt. Ich sammle, wenn auch nicht systematisch, Holzbleistifte ohne Barcode. Hätte ich mehr Geld, würde ich noch anderes sammeln. Als Kind habe ich Briefmarken und Aufkleber gesammelt und in

Alben sortiert. Sobald sich die Aufmerksamkeit auf Dinge richtet und sich unser Interesse an ihnen so weit steigert, dass wir sie zu sammeln beginnen, wirken wir ihrer Zerstreuung entgegen. Sammeln stellt Zusammenhänge so her, als würden wir sie *wieder* herstellen und sie wieder sichtbar machen. Als sei etwas in viele Scherben zersprungen und die einzelnen Scherben müssten wieder zusammengesucht und in gewisser Weise zusammengefügt werden – um einen eigenen geschlossenen Kosmos der Dinge zu erzeugen: Seien es die LPs, Briefmarken oder Teeschalen einer bestimmten Epoche, einer gemeinsamen Herkunft oder Art oder die Produkte einer Marke. So erzeugt eine Sammlung eine befristete Unsterblichkeit vergänglicher, oft alltäglicher Gegenstände.

In der Moderne wird die Orientierung an Marken wichtiger – nicht nur für Jugendliche spielt der Hersteller ihrer Kleidung eine bedeutende Rolle. In einer vulgären Variante geht es dabei bloß um Prestigesteigerung; aber auch hier gibt es ein anspruchsvolleres Verhältnis zur Marke, das sich positiv deuten lässt. »Ich bin davon überzeugt, dass Marken uns dabei helfen können, uns in der Welt besser zurechtzufinden, gute Entscheidungen zu treffen und glücklichere Menschen zu werden«, schreibt Andreas Freitag, der in seinem Buch *Von Marken und Menschen* versucht, eine neue Sichtweise zu etablieren. Er bezieht sein Nachdenken über das, was Marken leisten können, auf die Ethik von Aristoteles. Für den antiken Philosophen sind das gute und tugendhafte Handeln die Voraussetzung für ein glückliches Leben. Dazu kann eine Orientierung an Marken beitragen, wenn wir den Markenzweck, ihre Philosophie und ihre Praxis würdigen und durch Kaufentscheidungen fördern. »Jedem Einzelnen von uns hilft die Beschäftigung mit Marken dabei, jeden Tag große und kleine Entscheidungen zu treffen«, schreibt der Amerikanist, Unternehmer und Werbefachmann. Die Orientierung an Marken läuft darauf hinaus, uns über die eigenen Lebensmaximen klar zu werden und kaufend zu entscheiden, ob sie zu den Maximen der jeweiligen Marke passen. Die reflektierte Beschäftigung betrifft nicht nur das Sammeln von Markenprodukten wie Meissener Porzellan, Adidas-Schuhen oder Stiften von Faber-Castell. Sie betrifft unser Verhältnis zu den Dingen insgesamt. Wir kaufen, ob in Bezug auf Nahrungsmittel, Medien oder Kleidung in der Regel Markenprodukte – und hinter diesen Marken stehen Zwecke und Philosophien. Mündig im Verhältnis zu den Dingen werden wir nur, wenn Wissen über die Marke vorhanden ist und es in die Kaufentscheidung einfließt: »Seien Sie nicht einfach irgendwie tätig, sondern handeln Sie und treffen bewusste Entscheidungen, die einem Zweck dienen«, schreibt Andreas Freitag. Keiner sammelt Produkte von Marken, die er unsympathisch findet – aber im Rahmen des gewöhnlichen Konsums wird nicht zu viel, sondern viel zu wenig Aufmerksamkeit auf die Markenphilosophie gelegt.

Das Phänomen des Sammelns bezieht sich nicht nur auf Dinge. Walter Benjamin sah das Studieren als eine der Urformen des Sammelns an. Wer studiert, sammelt Wissen. Dieser Vorgang bringt es mit sich, dass sich Bücher ansammeln und Exzerpte. Kreative eignen sich laufend Wissen an, weil uninformiertes schöpferisches Handeln meist nur zur naiven Wiederholung von bereits Dagewesenem führt. Die amerikanische Musikerin Amanda Palmer beschreibt in ihrem autobiografischen Buch *The Art of Asking,* was sie unter Kreativität versteht.

Sie gliedert den Kreativprozess in drei Phasen: »Eindrücke sammeln. Zusammenhänge erkennen. Und diese Zusammenhänge dann mit anderen teilen. So arbeitet ein kreativer Mensch. Sammeln, zusammenfügen, teilen.« Das Sammeln steht also immer am Anfang: Wir sammeln Material, Eindrücke und Wissen – nur so bekommen wir die Bausteine und Werkzeuge für unser eigenes Schaffen. Stanley Kubrick sammelte sein ganzes Leben Kunstdrucke und Bücher der napoleonischen Zeit, weil er über den französischen Herrscher irgendwann einen Film drehen wollte. Wir können die eigene Kreativität auch erkunden, indem wir betrachten, in welcher Phase unsere Stärken und Schwächen liegen: Manche können hervorragend sammeln, fügen Neues daraus zusammen, bringen es aber nur mühsam zur Darstellung. Andere sind zwar hervorragende Kenner, finden das eigentümlichste Material, ihre Stärke besteht aber nicht im Erkennen neuer Zusammenhänge. Wir kennen auch meisterliche Darstellungen, die allerdings weniger ihren Schwerpunkt im innovativen Zusammenfügen haben, sondern sie interpretieren Vorhandenes. Und es gibt intuitive Schöpfer, denen das Wissen fehlt, um geniale Leistungen zu erbringen oder sie umzusetzen. Die erste Phase der Kreativität – das Sammeln – werden wir niemals los; es ist ein permanenter Vorgang, es ist ständige und lebenslange Vorbereitung für jede Formgebung und Kreativität.

Für Walter Benjamin ist jedes Sammeln eingespannt zwischen den Polen der *Unordnung* und der *Ordnung* – also auch zwischen Formlosigkeit und Formstrenge. In der Regel widmen sich Sammler nicht nur den Formen bestimmter Dinge, sondern auch einer Ordnung der Dinge. Und die Ordnung entscheidet oft darüber, was in eine Sammlung darf und was nicht. Auch die Gegenstände, die uns umgeben, liegen meist nicht achtlos umher, sondern sind geordnet. Vieles ordnen wir ganz einfach funktional, wie das Besteck in einer Schublade und vieles andere in der Küche, im Kleiderschrank oder der Vorratskammer. Mancher häuft eine große Zahl von Dingen an, die er nicht sammelt, sondern die sich bloß zufällig im Laufe der Zeit *ansammeln* – weil die verstreichende Zeit Ordnung von selbst in Unordnung verwandelt. Hinter dem Trend zum Verzicht und wenig Wohnraum steckt wahrscheinlich auch das Bedürfnis nach mehr innerer Ordnung. Sehr kleine Wohnungen haben einen wohltuenden Nebeneffekt: Sie bieten keinen Raum für Ballast. Unser Verhältnis zu den Dingen ist von der inneren Einstellung zu Form und Ordnung mitbestimmt. Wir sind zwar gewohnt, unseren Haushalt und unsere Angelegenheiten »in Ordnung zu bringen«, aber wir tun dies meist intuitiv, ohne uns darüber Gedanken gemacht oder es systematisch erlernt zu haben. Wir räumen zwar permanent auf, sind aber mit den Ergebnissen, wenn überhaupt, nur kurzzeitig zufrieden. Dabei beruhigt uns eine klare Ordnung. Bevor wir kochen, räumen wir die Küche auf; bevor wir etwas Wichtiges beginnen, werden Werkstatt oder Schreibtisch entrümpelt. Oft gibt uns erst ein Umzug den Anlass, um auszusortieren. Nimmt die äußere Unordnung überhand, spiegelt das meist die Unordnung in uns und der jeweiligen Lebenssituation. Auf unsere Innenwelt können wir aber auch von außen einwirken: Wir können durch Aufräumen, durch das Herstellen einer guten äußeren Ordnung, unsere Innenwelt kultivieren. Die Autorin Marie Kondo versteht sich als Expertin und Beraterin auf dem Gebiet des Aufräumens. Ihr geht es dabei nicht um kleinbürgerliche Sauberkeits- und

Ordnungszwänge. Es geht ihr um die heilsamen Folgen von Form und Ordnung. »Die Ordnung lügt nie«, schreibt sie. Aufräumen ist für sie eine einfache physische Handlung, die aus bloß zwei Schritten besteht, erstens: »Entscheiden, ob eine Sache weggeworfen werden kann oder ob nicht. Zweitens: Falls sie nicht weggeworfen wird, einen festen Platz für sie zu bestimmen. Jeder, der sich dazu in der Lage sieht, kann perfekt aufräumen.« Diese beiden Schritte sollten strikt voneinander getrennt werden, wobei das Wegwerfen immer am Anfang stehen muss. Unser Verhältnis zu den Dingen hat oft den Charakter eines ungewollten Anhaftens. In uns ist eine widersprüchliche Weigerung, die Gegenstände wegzuwerfen, auch wenn sie weder für uns funktional noch schön sind. Wir bekommen Dinge geschenkt, die wir aus Höflichkeit aufheben. Wir heben sie auf, weil wir glauben, andere könnten sie irgendwann gebrauchen. Wir behalten etwas, weil wir denken, wir selbst könnten es in der Zukunft gebrauchen. Aber oft handelt es sich nur um ein extrem verzögertes Wegwerfen mit langer, platzraubender Lagerung ohne jeden Sinn. Marie Kondo unterscheidet zwei Typen von Menschen, die nicht aufräumen können: Die einen können sich nicht von Dingen trennen; die anderen können die Gegenstände nicht zurück an ihren Platz legen. Im schlimmsten Fall können Menschen beides nicht, und wir ahnen, wie deren Wohnungen aussehen. Der Nachteil am Horten überflüssiger Dinge ist nicht nur die unübersichtliche, muffige Atmosphäre einer vollgestopften Wohnung, sondern die fehlende Wertschätzung gegenüber den Dingen, die wirklich wichtig sind. Ein Sammler hat nicht zwangsläufig mehr Bücher, Platten oder Stifte als andere, er hat aber eine bessere, stringentere Auswahl und wird es vermeiden, dass sich durch bloße Quantität seine Sammlung verwässert. Ebenso ist es aber mit den gewöhnlichen Dingen: Mehr Kleidungsstücke bringen eben keine größere Auswahl; viele nicht mehr getragene Shirts und Hosen verstärken nur die Unordnung. Ihre bloße Anwesenheit erschwert die Wahl. Das Geheimnis gut gekleideter Menschen ist oft eine relativ kleine Garderobe, die allerdings sorgsam ausgewählt, aufgebaut und qualitativ sehr hochwertig ist. Auch ist es eher ein Ziel von Pseudointellektuellen, so viele Bücher wie möglich zu besitzen; gebildete Menschen besitzen die wichtigen Bücher und haben diese vor allem auch gelesen. Wir treten in einen bedachten Dialog mit den Dingen, wenn unser Verhältnis zu ihnen eine anspruchsvolle Form bekommen soll. Dieser Dialog wird gestört, wenn unendlich viele unwichtige Gegenstände unsere Wohn- oder Arbeitsräume belagern. Es gibt also gute Gründe, Form und Ordnung zu kultivieren, und die praktische Seite dieses Verhältnisses ist das *Aufräumen:* »Stellen Sie sich Ihr Leben inmitten von Dingen vor, die Sie lieben, die Ihnen am Herzen liegen und die Sie gern um sich herum haben. Ist das nicht das ideale Leben, das Sie sich wünschen? Wir behalten nur die Dinge, die uns glücklich machen. Alles andere werfen wir kurz entschlossen weg«, rät uns Marie Kondo. Ein Neustart oder wirkliche Veränderung kann eigentlich nur mit dem Ausmisten und Ordnen beginnen – und ein reflektiertes Verhältnis zur Form setzt diesen Prozess fort. Wir schaffen gar nicht erst an, was wir nicht brauchen; wir trennen uns von Fehlkäufen, wir setzen auf Weniges und Wertigeres. Nur so können wir mit den Dingen, die wir besitzen, einen liebevollen Dialog eingehen. Dies geht, befreit von Nützlichkeit, im Rahmen des Sammelns, aber es geht auch in Bezug auf die funktionalen Dinge, die

Beschränkung
Ernährung
Liebe
Medien
Kleidung
Form des Besitzes

wir benutzen. Ich liebe zum Beispiel das alte Kellnermesser meiner Freundin, ein Erbstück, oder die Teeutensilien, die ich täglich benutze. Es sind keine Sammlerstücke, aber für mich äußerst wichtige Gegenstände. Aufzuräumen ist daher aus mehreren Gründen ein Gewinn: Wir wenden uns den Dingen zu, wir können sie wertschätzen, indem wir uns von den anderen trennen, und wir ordnen nicht nur unsere Wohnung oder unser Büro, sondern auch uns und unser Leben. Wir befreien uns von Fesseln der Vergangenheit und verbinden uns mit den Bedürfnissen der Gegenwart. Dinge, die ihre Aufgabe erfüllt haben – Kleidungsstücke, können mit gutem Gewissen weggegeben werden. »Wenn wir aufräumen und unseren Besitz reduzieren, wird uns deutlich, was uns im Leben wichtig ist«, schreibt Marie Kondo. Sie empfiehlt, sich von Dingen tatsächlich zu verabschieden, sich bei ihnen zu bedanken und sie dann loszulassen. Für sie ist das Aufräumen eine Art heilige Handlung, die uns und den Gegenständen guttut. Wir lassen die Dinge frei, von denen wir uns lösen. »Das Aufräumen ist eine Inventur Ihrer Persönlichkeit, bei der Sie entdecken, wer Sie sind und was Sie wirklich wollen« – allein aus diesem Grund ist das *Haben* kein Gegensatz zum *Sein*, es repräsentiert unser Sein, zeigt seine Formen und wirkt als Form auf uns zurück. Wer will ewig gefangen sein in den unerfreulichen ästhetischen Empfindungen einer Vergangenheit, die nicht mehr existiert? Der Besitz erzählt unsere Geschichte, und wir können erst Autoren dieser Geschichte werden, indem wir uns von manchem trennen. Wir müssen auswählen, pflegen, reparieren oder sammeln, sogar indem wir verzichten. Verzicht ist von so großer formgebender Kraft, weil er Einfluss hat auf das, was wir besitzen. Auf einen Fernseher zu verzichten, hat heilsame Folgen

»Das Aufräumen
ist eine Inventur
ihrer Persönlichkeit,
bei der Sie entdecken,
wer Sie sind
und was Sie
wirklich wollen.«

Marie Kondo

und nimmt Einfluss auf die Nutzung anspruchsvoller Medien. Auf billige Kleidungsstücke zu verzichten, bedeutet, sich anspruchsvollere Stücke leisten zu können. Die Formen des Ordnens und Aufbewahrens der Dinge, die wir lieben, erzählen die Geschichte unserer Entscheidungen. Aufräumen zu können, legt Zeugnis ab vom »Vertrauen in unsere eigene Urteilskraft«, wie Marie Kondo schreibt. Materielle Entscheidungsschüchternheit lässt uns zu Messies werden. Die gute Form unseres Verhältnisses zu den Dingen und deren Ordnung gestalten die Welt, und wir sind ihr somit weniger ausgeliefert. Wir können uns von dem prägen lassen, was wir zuvor selbst aktiv herbeigeführt haben: Form, Schönheit, Rhythmus und Ordnung. Der Wille zur Formgebung steht in enger Verbindung mit der Kunst, ein kreatives Leben zu führen, der Fähigkeit zu Achtsamkeit und Stille, der Kraft der Konzentration und zum wertebezogenen schöpferischen Handeln. Der Zen-Meister Christoph Hatlapa fasst dies in einem Satz tiefer Weisheit zusammen: »Wenn du achtsam bist, hältst du die Form – und wenn du zerstreut bist, hält die Form dich.«

»Wenn du
achtsam bist,
hältst du
die Form –
und wenn du
zerstreut bist,
hält die Form
dich.«

Christoph Hatlapa

LITERATUR

Sie finden hier die Quellen, aus denen sich dieses Buch speist. Es sind zum einen die im Text zitierten Titel, zum anderen aber auch Werke, die einen wichtigen Hintergrund bilden und die ich zum Weiterlesen empfehlen möchte.

FORM DER BESCHRÄNKUNG

Arnheim, Rudolf
Kunst und Sehen. Eine Psychologie des schöpferischen Auges.
Neufassung. Walter de Gruyter, Berlin/New York: 1978.
Berzbach, Frank
Der innere Käfig. Kreativität als Ausbruchversuch und Lebensform.
In: Sushi Magazin, Nr. 14, 2012, S. 74–79
Berzbach, Frank
Jetzt kommen die Kinder. Das Durchschnittsalter in den Masterstudien sinkt: Mehr Verschulung ist die Folge.
In: Frankfurter Allgemeine Zeitung, 15.06.2011, S. N5.
Berzbach, Frank
Unterforderung und Demotivation. Der Anteil der Hochschulen am Selbstbild von Pädagogen und Sozialarbeitern.
In: Frankfurter Allgemeine Zeitung, 15.06.2011, S. N5.
Beuys, Joseph
Mysterien für alle.
Suhrkamp, Berlin: 2015.

Beuys, Joseph / Harlan, Volker
Was ist Kunst? Werkstattgespräch.
Urachhaus, Stuttgart: 1986.
Brück, Michael von
Einführung in den Buddhismus.
Verlag d. Weltreligionen, Frankfurt/Main: 2007.
Glassman, Bernard
Anweisungen für den Koch. Lebensentwurf eines Zen-Meisters.
Goldmann, München: 1999.
Glassman, Bernard
Das Herz der Vollendung. Unterweisungen eines westlichen Zen-Meisters.
dtv, München: 2006
Glassman, Bernard
Zeugnis ablegen. Buddhismus als engagiertes Leben.
Theseus, Berlin: 2001.
Hara, Kenya
Weiss.
Lars Müller, Zürich: 2015.
Jaeggi, Rahel
Kritik von Lebensformen.
Suhrkamp, 2. Aufl., Frankfurt/Main: 2014.

Liessmann, Konrad Paul
Ästhetische Empfindungen.
Facultas, Wien: 2009.
Liessmann, Konrad Paul
Schönheit. Grundbegriffe der europäischen Geistesgeschichte.
Facultas, Wien: 2009.
Luhmann, Niklas u.a.
Serendipity. Vom Glück des Findens.
Snoeck, Bielefeld: 2015.
Rauterberg, Hanno
Die Kunst und das gute Leben. Über die Ethik der Ästhetik.
Suhrkamp, Berlin: 2015.
Scheinberger, Felix
Illustration. Hundert Wege einen Vogel zu malen.
Hermann Schmidt, Mainz: 2014.
Shapiro, Shauna / Carlson, Linda
Die Kunst und Wissenschaft der Achtsamkeit. Die Integration der Achtsamkeit in Psychologie und Heilberufe.
Arbor, Freiburg/Br. 2011.
Siegel, Daniel J.
Das achtsame Gehirn.
Arbor, 4. Aufl., Freiburg/Br.: 2014.
Szeemann, Harald (Hg.)
Beuysnobiscum.
EVA, Hamburg: 2008.
Tanizaki, Jun'ichiro,
Lob des Schattens.
Manesse, Zürich: 2002.

Thich Nhat Hanh
Die Heilkraft buddhistischer Psychologie.
Goldmann, München: 2013.
Thich Nhat Hanh
Wie Siddhartha zum Buddha wurde. Eine Einführung in den Buddhismus.
Theseus, Berlin: 1998.
Trungpa, Chögyam
Lichtvolle Klarheit – Unermessliche Weite. Über Zen und Tantra.
Theseus, Berlin: 2008.
Trungpa, Chögyam
Über Kunst. Wahrnehmung und Wirklichkeit.
Edition Steinrich, Berlin: 2012.
Warner, Brad
Hardcore Zen. Punk Rock, Monsterfilme & die Wahrheit über alles.
Aurum, Bielefeld: 2012.
Wilson, James Q. / Kelling, George L.
Broken Windows. The Police and Neighborhood Safety.
In: The Atlantic Monthly, 3, 1982; URL: http://www.theatlantic.com/magazine/archive/1982/03/broken-windows/304465/.

DIE FORM DER ERNÄHRUNG

Albers, Susan
Ein Leben im Gleichgewicht. Buddhas Weg achtsamen Genießens.
Arbor, Freiamt: 2009.

Beil, Ralf
Künstlerküche. Lebensmittel als Kunstmaterial von Schiele bis Jason Rhoades.
Dumont, Köln: 2002.

Beuys, Joseph / Kounellis, Jannis / Kiefer, Anselm / Cucchi, Enzo
Ein Gespräch.
Parkett, Zürich: 1986.

Blixen, Tania
Babettes Fest.
Manesse, 7. Aufl.,
Zürich: 1992.

Brown, Edward Espe
Das Lächeln der Radieschen. Zen in der Kunst des Kochens.
dtv, München: 2002.

Burckhardt, Lucius
Warum ist Landschaft schön? Die Spaziergangswissenschaft.
Martin Schmitz,
Berlin: 2006.

De Domizio Durini, Lucrezia
Joseph Beuys. The Art of Cooking.
Charta, Milano: 1999.

Dell'Agli, Daniele (Hg.)
Essen als ob nicht. Gastrosophische Modelle.
Suhrkamp, Frankfurt/Main: 2009.

Epikur
Philosophie der Freude. Briefe. Hauptlehrsätze. Spruchsammlung. Fragmente.
Insel, Frankfurt/Main: 1988.

Epikur
Über das Glück.
Diogenes, Zürich: 2011.

Foer, Jonathan Safran
Tiere essen.
Kiepenheuer & Witsch,
Köln: 2010.

Freedman, Paul (Hg.)
Essen. Eine Kulturgeschichte des Geschmacks.
Primus, Darmstadt: 2007.

Grün, Anselm
Der Umgang mit dem Bösen. Der Dämonenkampf im alten Mönchtum.
Vier Türme, 15. Aufl.,
Münsterschwarzach: 2001.

Grün, Anselm
Einreden: Der Umgang mit den Gedanken.
Vier Türme, 22. Aufl.,
Münsterschwarzach: 2001.

Grün, Anselm
Fasten.
Vier Türme, 15. Aufl.,
Münsterschwarzach: 2001.

Hirschfelder, Gunther
Europäische Esskultur. Eine Geschichte der Ernährung von der Steinzeit bis heute.
Campus, Frankfurt/Main: 2001.

Kessler, David
Das Ende des großen Fressens.
Goldmann, München: 2012.
Lemke, Harald
Die Kunst des Essens. Eine Ästhetik des kulinarischen Geschmacks.
Transcript, Bielefeld: 2007.
Lemke, Harald
Die Weisheit des Essens. Gastrosophische Feldforschungen.
Iudicium, München: 2008.
Lemke, Harald
Ethik des Essens. Eine Einführung in die Gastrosophie.
Akademie Verlag, Berlin: 2007.
Müller, Bernhard
Das Fasten der Mönche.
Heyne, München: 2003.
Müller, Klaus E.
Kleine Geschichte des Essens und Trinkens. Vom offenen Feuer zur Haute Cuisine.
C.H. Beck, München: 2009.
Neff, Kristin
Selbstmitgefühl.
Kailash, 2. Aufl., München: 2012.
Newmark, Catherine
Bin ich, was ich esse?
In: Philosophie Magazin, Nr. 4, 1-2, 2015, S. 44–47.

Nietzsche, Friedrich
Jenseits von Gut und Böse.
Meiner, Hamburg: 2013.
Petrini, Carlo
Gut, sauber & fair. Grundlagen einer neuen Gastronomie.
Tre Torri, Wiesbaden: 2007.
Petrini, Carlo
Slow Food. Genießen mit Verstand.
Rotpunkt, Zürich: 2003.
Petrini, Carlo
Terra Madre. Für ein nachhaltiges Gleichgewicht zwischen Mensch und Mutter Erde.
Hallwag, München: 2010.
Rath, Claus-Dieter
Der besorgte Esser. In: Essen als ob nicht. Gastrosophische Modelle.
Suhrkamp, Frankfurt/Main: 2009, S. 201–262.
Schöpf, Alois
Glücklich durch Gehen. Über die Heilkraft des Bergwanderns.
Limbus, Innsbruck: 2012.
Schweitzer, Albert
Ehrfurcht vor den Tieren.
C.H.Beck, 2. Aufl., München: 2011.
Thich Nhat Hanh / Cheung, Lilian
Achtsam essen, achtsam leben. Der buddhistische Weg zum gesunden Gewicht.
O.W.Barth, München: 2012.

DIE FORM DER LIEBE

Armstrong, Karen
Plädoyer für Gott.
Mohr Siebeck, Tübingen: 2010.
Bibel
Elberfelder Studienbibel. Mit Sprachschlüssel und Handkonkordanz.
SCM R. Brockhaus, Witten: 2009.
Bormans, Leo (Hg.)
Liebe. The World Book of Love.
Dumont, Köln: 2014.
Davidson, Richard / Begley, Sharon
Warum wir fühlen, wie wir fühlen.
Arkana, München: 2012.
Elberfelder Bibel
SCM R. Brockhaus, Witten, Christliche Verlagsgesellschaft, 2. Aufl., Dillenburg: 2009.
Engl, Joachim / Thurmaier, Franz
Damit die Liebe bleibt. Richtig kommunizieren in mehrjährigen Partnerschaften.
Huber, Bern: 2012.
Fredrickson, Barbara
Die Macht der Liebe. Ein neuer Blick auf das größte Gefühl.
Campus, Frankfurt/Main: 2014.
Germer, Christopher
Der achtsame Weg zur Selbstliebe.
Arbor, 2. Aufl., Freiburg/Br.: 2011.

Gottman, John M.
Die 7 Geheimnisse der glücklichen Ehe.
Ullstein, Berlin: 2014.
Grün, Anselm
Das große Buch der Evangelien.
Kreuz, Freiburg/Br.: 2010.
Hantel-Quitmann, Wolfgang
Der Geheimplan der Liebe. Zur Psychologie der Partnerwahl.
Herder, Freiburg/Br.: 2012.
Jaspers, Karl
Philosophie II. Existenzerhellung.
Piper, München/Zürich: 1994.
July, Miranda / Fletcher, Harrell
Learning to love you more.
Prestel, München u.a.: 2007.
Katechismus der katholischen Kirche
Neuübersetzung aufgrund der Editio Typica Latina. Oldenbourg u.a., München: 2005.
Kornbichler, Thomas / Maaz, Wolfgang
Variationen der Liebe. Historische Psychologie der Geschlechterbeziehungen.
Edition Diskord, Tübingen: 1995.
Krumpen, Angela / Mayer, Karoline
Jeder trägt einen Traum im Herzen. Von der Kraft, die alles ändern kann.
Herder, Freiburg/Br.: 2015.

Lauster, Peter
Die Liebe. Psychologie eines Phänomens.
Rowohlt, Reinbek: 2003.

Lindemann, Andreas
Nächstenliebe.
In: RGG, Bd. 6. Mohr/Siebeck, 4. Aufl., Tübingen: 2003, S. 16–17.

Lyubomirsky, Sonja
Glücklich sein.
Campus, Frankfurt/Main: 2008.

Midori
Wild Side Sex. The Book of Kink.
Daedalus Publishing, Los Angeles: 2013.

Neff, Kristin
Selbstmitgefühl.
Kailash, 2. Aufl., München: 2012.

Ruland, Tobias
Die Psychologie der Intimität.
Klett-Cotta, Stuttgart: 2015.

Salzberg, Sharon
Metta-Meditation.
Arbor, Freiamt: 2003.

Schmid, Wilhelm
Mit sich selbst befreundet sein.
Suhrkamp, Frankfurt/Main: 2004.

Shoshanna, Brenda
Zen leben. Ein Kurs in Gelassenheit.
O. W. Barth, München: 2005.

Sternberg, Robert J.
Love Is a Story. A New Theory of Relationships.
Oxford University Press, Oxford: 1998.

Sternberg, Robert J.
Über Liebe spricht man doch.
Econ, Düsseldorf/Wien: 1993.

Sternberg, Robert J. / Weis, Karin (Hg.)
The New Psychology of Love.
Yale University Press, New Haven u.a.: 2006.

Thich Nhat Hanh
Nimm das Leben ganz in deine Arme. Die Lehre des Buddha über die Liebe.
dtv, 2. Aufl., München: 2007.

Walach, Harald
Spiritualität.
Drachen, Klein Jasedow: 2011.

Weber, Akincano M.
Meditation als intelligente Beziehung zum eigenen Geist.
In: BUDDHISMUS aktuell, Nr. 2, 2015, S. 29–34.

DIE FORM DER MEDIEN

Berzbach, Frank
»*Country und Western, wir haben beides.*« *Die Monokultur kommerzieller Fantasieliteratur setzt sich im Kino fort.*
In: merz – Zeitschrift für Medienpädagogik, 55. Jg., Nr. 1, 2011, S. 68–71.

Boehm, Gottfried (Hg.)
Was ist ein Bild?
Fink, Paderborn: 2006.

Bourdieu, Pierre
Über das Fernsehen.
Suhrkamp, Frankfurt/Main: 1998.

Burda, Hubert / Maar, Christa (Hg.)
Iconic Turn. Die neue Macht der Bilder.
Dumont, Köln: 2004.

Luhmann, Niklas
Die Realität der Massenmedien.
VS, Opladen: 1996.

McLuhan, Marshall
Das Medium ist die Botschaft.
EVA, Hamburg: 2001.

Mitchell, William J. T.
Das Leben der Bilder. Eine Theorie der visuellen Kultur.
C. H. Beck, München: 2008.

Sleegers, Jürgen
Spiele muss man spielen, um sie zu verstehen.
In: Unerzogen, Nr. 2, 2013, zugänglich online, URL: www.gameskompakt.de/media/other/542_gk_Alle_Spiele_muss_man_spielen.pdf.

Welsch, Wolfgang
Ästhetisches Denken.
Reclam, Stuttgart: 1990.

Welsch, Wolfgang
Grenzgänge der Ästhetik.
Reclam, Stuttgart: 1996.

Žižek, Slavoj
The Pervert's Guide to Cinema.
DVD. Suhrkamp, Berlin: 2016.

DIE FORM DER KLEIDUNG

Apfel, Iris
In: BLONDE Magazin, Nr. 33, 5/2015, S. 84.

Berzbach, Frank
Der Tod als heimliches Schnittmuster. Funktionen des »Neuen« unserer Kostümierung.
In: fashion talks. Ausstellungskatalog. Museum für Kommunikation Berlin, Berlin: 2011, S. 232–239.

Barthes, Roland
Die Sprache der Mode.
Suhrkamp, Frankfurt/Main: 1986.

Beckermann, Ilene
Liebe, Leid – und welches Kleid?
Sanssouci, Zürich: 1997.

Esposito, Elena
Die Verbindlichkeit des Vorübergehenden. Paradoxien der Mode.
Suhrkamp, Frankfurt/Main: 2004.

Flusser, Vilém
Kommunikologie.
Fischer, Frankfurt/Main: 1998.

Hollander, Anne
Anzug und Eros. Eine Geschichte der modernen Kleidung.
dtv, München: 1997.

Kelly, Ian / Westwood, Vivienne
Vivienne Westwood.
Eichborn, Köln: 2015.

Knigge, Adolph Freiherr von
Über den Umgang mit Menschen.
Insel, Frankfurt/Main: 2008.

Loos, Adolf
Warum ein Mann gut angezogen sein sollte.
Metroverlag, Wien: 2007.

Schlaffer, Hannelore
Mode, Schule der Frauen.
Suhrkamp, Frankfurt/Main: 2007.

Sennett, Richard
Verfall und Ende des öffentlichen Lebens. Die Tyrannei der Intimität.
Berlin Verlag, Berlin: 2008.

DIE FORM DES BESITZES

Benjamin, Walter
Das Passagen-Werk.
2 Bde. Gesammelte Schriften, Band 5. Suhrkamp, Frankfurt/Main: 1982.

Benjamin, Walter
Ich packe meine Bibliothek aus. Eine Rede über das Sammeln.
In: ders., Gesammelte Schriften, Bd. 4.1. Suhrkamp, Frankfurt/Main: 1972, S. 388–396.

Berzbach, Frank
Haben und Sein.
In : Sushi Magazin, Nr. 15, 2015, S. 70–73.

Blom, Philipp
Sammelwunder, Sammelwahn. Szenen aus der Geschichte einer Leidenschaft.
dtv, München: 2014.

Ernst, Heiko
Wie der Teufel uns reitet. Von der Aktualität der 7 Todsünden.
Ullstein, Berlin: 2006.

Förster, Henrich
Sammler & Sammlung. Oder das Herz in der Schachtel.
Salon Verlag, Köln: 1998.

Freitag, Andreas
Von Marken und Menschen.
Hermann Schmidt, Mainz: 2015.

Fromm, Erich
Haben oder Sein.
dtv, München: 2005.

Gadamer, Hans-Georg
Die Aktualität des Schönen.
Reclam, Stuttgart: 2012.

Karch, Fritz / Robertson, Rebecca
Sammelliebe. Leidenschaft und Inszenierung. Knesebeck, München: 2015.

Kondo, Marie
Magic Cleaning.
Rowohlt, Reinbek: 2015.

Laube, Stefan
Sammelrezension: Vom Sammeln. In: H/Soz/Kult. Kommunikation und Fachinformation für die Geschichtswissenschaften.
URL: http://www.hsozkult.de/publicationreview/id/rezbuecher-5151.

Liessmann, Konrad Paul
Das Universum der Dinge.
Zsolnay, 5. Aufl., Wien: 2010.

Liessmann, Konrad Paul
Schönheit.
UTB, Stuttgart: 2009.

Palmer, Amanda
The Art of Asking.
Eichborn, Köln: 2015.

Pomian, Krzysztof
Der Ursprung des Museums. Vom Sammeln.
Wagenbach, Berlin: 1998.

Sommer, Andreas Urs u.a.
Die Hortung. Eine Philosophie des Sammelns.
Parerga, Düsseldorf: 2000.

Sommer, Manfred
Sammeln. Ein philosophischer Versuch.
Suhrkamp, Frankfurt/Main: 2002.

»FORM UND INHALT SIND JETZT FREUNDE«

Dieser kurze Satz von Jenna Gesse war für mich ein Anstoß; ich fand ihn auf ihrer Visitenkarte. Die stand über die gesamte Zeit sichtbar angelehnt an dem Platz, an dem ich dieses Buch geschrieben habe. Zu danken habe ich vielen Menschen, deren Formgefühl mich beschäftigt und beeindruckt: Der Illustratorin Saskia Wragge danke ich für Inspiration und Zusammenarbeit, für unerbittliche Korrekturen und wohldosiertes Lob. Meinen Verlegern Karin und Bertram Schmidt-Friderichs danke ich für ihr Vertrauen, die gewährten Freiheiten und inhaltliche Anregung. Laura Nagel hat mir im richtigen Augenblick eine LP von Wovenhand geschenkt und sie hat mich auf Kenya Hara und Konrad Paul Liessmann hingewiesen; darüber hinaus beschäftigen mich ihre Fotos und ihre Art zu arbeiten. Katrin Schacke möchte ich für die bereichernde Diskussion danken und für die wunderbare Gestaltung auch meines dritten Buches. Professor Winfred Kaminski, Doktorvater und Freund, danke ich für die Gedanken und Lektürehinweise. Der viele Ordner füllende Briefwechsel mit Dr. Christian Dries von der Universität Freiburg brachte mir ständig neue Bezüge, Ideen und Denkaufgaben. Eine dauernde Inspiration für mich sind Verlags-, Literatur- und Buchmenschen: Dominique Pfeilmilng (Eichborn Verlag) und Karla Paul (Eden Books), die Buchhändlerinnen aus dem »Siebten Himmel« (Köln), Paul und Andreas Remmel (R2-Buchhandlung, Siegburg), Friederike und Andrea (»Der andere Buchladen«, Köln), Maria-Christina vom ocelot-bookstore in Berlin, die Damen und Herren Cohen + Dobernigg (Hamburg), die Buchhandlung von Klaus Bittner und die Kunstbuchhandlung König (Köln). Gespräche und Praxis mit dem Zen-Lehrer Patrick Damschen in Bonn, die Zen-Retreats der Via-Integralis-Schule von Winfried und Renate Semmler-Koddenbrock, Dr. Anton Drähne und Dr. Doris Drähne in Bonn, am Ende sogar Parallel-Records und der Underdog-Recordstore, das

Museum für Ostasiatische Kunst (Köln), das Hans-Arp-Museum in Remagen, das Kolumba-Museum mit seiner an Magie grenzenden Formsprache von Peter Zumthor; ich danke Dr. Stefan Kraus sehr herzlich für die Zusendung einer Jahreskarte! Dorle und Michael Schmidt vom Studio Komplementär danke ich. Wer bei den beiden zum Mittag war, weiß mehr als vorher. Wahrscheinlich sind für dieses Buch sogar die Gespräche im kleinen Weinladen in Köln-Ehrenfeld von Bedeutung – es gibt keine Kultur ohne Formverständnis, die Inhalte mögen variieren. Mein Dank lässt sich in alle Himmelsrichtungen senden: an die Friseurmeister Jozef John und Nina Umlauf (Köln) und Thomas Dockendorff (Gießen); die Lebenskünstler Deniz und Feyza; meine Schwester Nina (und Lorenzo); die Illustratoren Boris Servais, Felix Scheinberger und Leo Leowald, der Fotograf Thomas Morsch, Diane-Sophie Durigon (Le Pop Lingerie, Köln). Manche Menschen haben mich bestärkt: Alissa Tzybina und Gesine Gold mit ihren Zeilen aus Hamburg. Die Musik und Worte von Nastja Sittig und ihrer Band Ljon tragen mich; die Begegnungen und Ausstellungen im Kunsthaus kat18 in Köln geben viel Kraft. Ich habe dort oft gesessen, hinter einer Tasse Kaffee und vor mir das Wandgemälde von Cornelius Vogel und Tanja Geiss. Die Briefe – selbst Kunstwerke – und Gespräche mit dem Schweizer Maler Hanspeter Fiechter, der seit über 40 Jahren mit Aquarell umgeht und so die Formen immer weiter vertieft und verfeinert, waren und sind eine große Bereicherung und Inspiration. Jedes der Kapitel hat zahllose Gespräche, Experimente, Begegnungen und Reisen mit sich gebracht und sie alle ergeben einen Zusammenhang, der meine Arbeit ermöglicht hat. Nicht zuletzt ist das Buch geprägt von Lektüre. Wie sonst fände man Hinweise wie den eines deutschen Meisters in Rhythmus, Form und Ordnung: »Wer Großes will, muss sich zusammenraffen; in der Beschränkung zeigt sich erst der Meister, und das Gesetz nur kann uns Freiheit geben.«

Über den Autor

Dr. Frank Berzbach,
geboren 1971, unterrichtet Psychologie an der ecosign Akademie für Gestaltung und Kulturpädagogik an der Technischen Hochschule Köln.
Er hat als Wissenschaftler, Journalist, Fahrradkurier, Technischer Zeichner, in der Psychiatrie und als Buchhändler gearbeitet. Seit vielen Jahren ist er Zen-Praktizierender, bleibt aber katholisch. Er arbeitet zu Fragen achtsamkeitsbasierter Psychologie, Arbeitspsychologie, Kreativität, Spiritualität, Mode, Popmusik und Popkultur.

Seine beiden Erfolgstitel wurden in mehrere Sprachen übersetzt.

Lesungen, Vorträge und Workshops auf Anfrage.

Bisher im Verlag Hermann Schmidt erschienen:

»Kreativität aushalten – Psychologie für Designer«

7. Auflage

»Die Kunst ein kreatives Leben zu führen«

13. Auflage

»Königswege zum Unglück«

1. Auflage

IMPRESSUM

© 2016
Verlag Hermann Schmidt
und beim Autor
5. Auflage 2023

Alle Rechte vorbehalten
Dieses Buch oder Teile dieses Buches dürfen nicht vervielfältigt, in Datenbanken gespeichert oder in irgendeiner Form übertragen werden ohne die schriftliche Genehmigung des Verlages. Die Klärung der Rechte wurde von den Autoren nach bestem Wissen vorgenommen. Soweit dennoch Rechtsansprüche bestehen, bitten wir die Rechteinhaber, sich an den Verlag zu wenden.

Gestaltung
Katrin Schacke, Offenbach
Satz
Laura Eckes, Pia Friese,
Isabell Henninger, Julia Uplegger
Korrektorat
Norman Aselmeyer
Verwendete Schriften
Radikal / Constantia / Documenta
Papier
Munken Print White, 80 g/m²
Gesamtherstellung
Memminger MedienCentrum,
Memmingen

verlag hermann schmidt

Printed in Germany with Love.
ISBN 978-3-87439-872-5

Verlag Hermann Schmidt
Gonsenheimer Straße 56
55126 Mainz
Tel – 06131 – 50 60 0
info@verlag-hermann-schmidt.de
www.verlag-hermann-schmidt.de
 – Hermann Schmidt Verlag
 – VerlagHSchmidt

Wir übernehmen Verantwortung. Nicht nur für Inhalt und Gestaltung, sondern auch für die Herstellung.
Das Papier für dieses Buch stammt aus sozial, wirtschaftlich und ökologisch nachhaltig bewirtschafteten Wäldern und entspricht deshalb den Standards der Kategorie »FSC Mix«

Bücher haben feste Preise!
In Deutschland hat der Gesetzgeber zum Schutz der kulturellen Vielfalt und eines flächendeckenden Buchhandelsangebots ein Gesetz zur Buchpreisbindung erlassen. Damit haben Sie die Garantie, dass Sie dieses und andere Bücher überall zum selben Preis bekommen: bei Ihrem engagierten Buchhändler vor Ort, im Internet, beim Verlag. Sie haben die Wahl. Und die Sicherheit. Und ein Buchhandelsangebot, um das uns viele Länder beneiden.

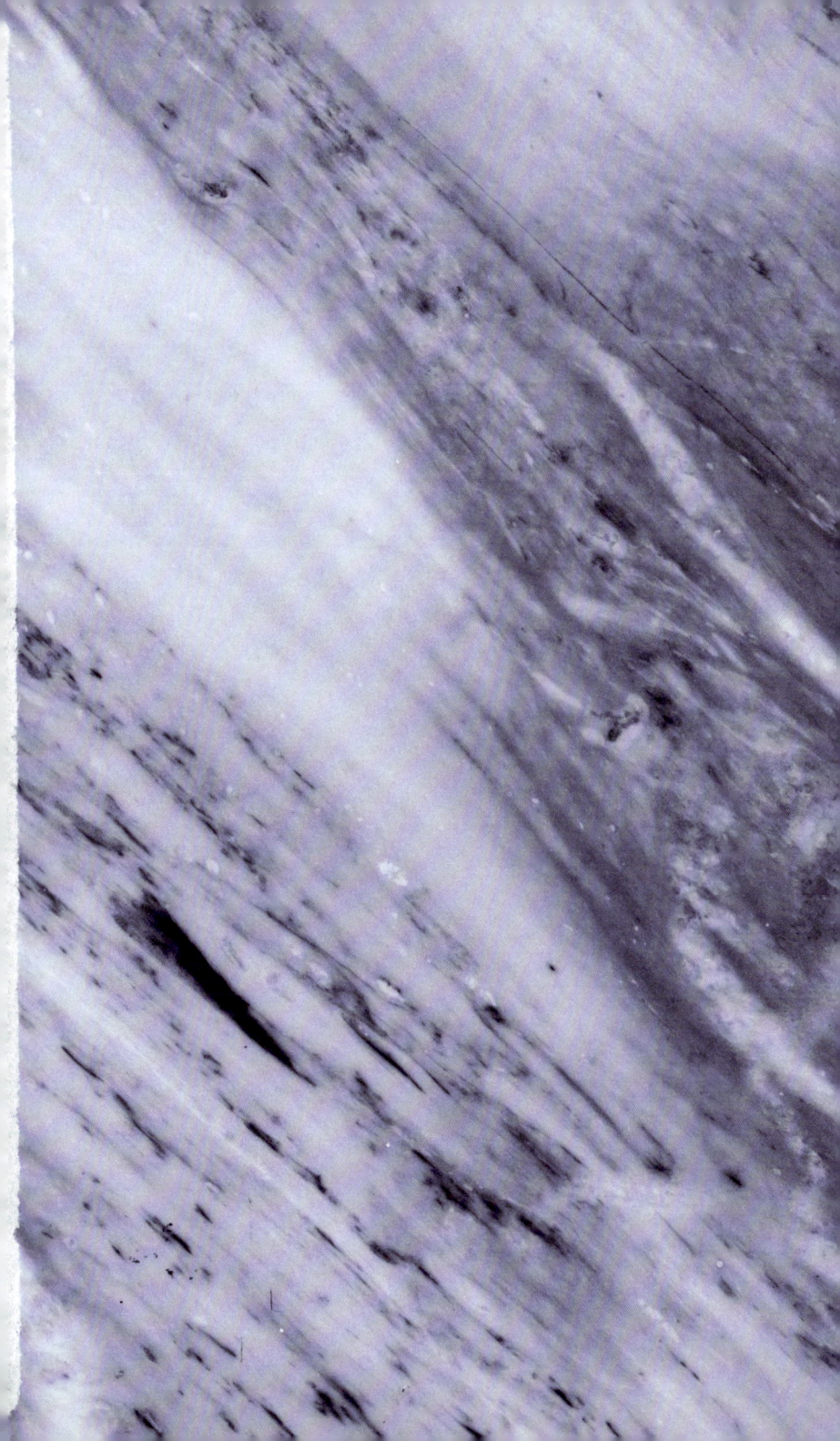

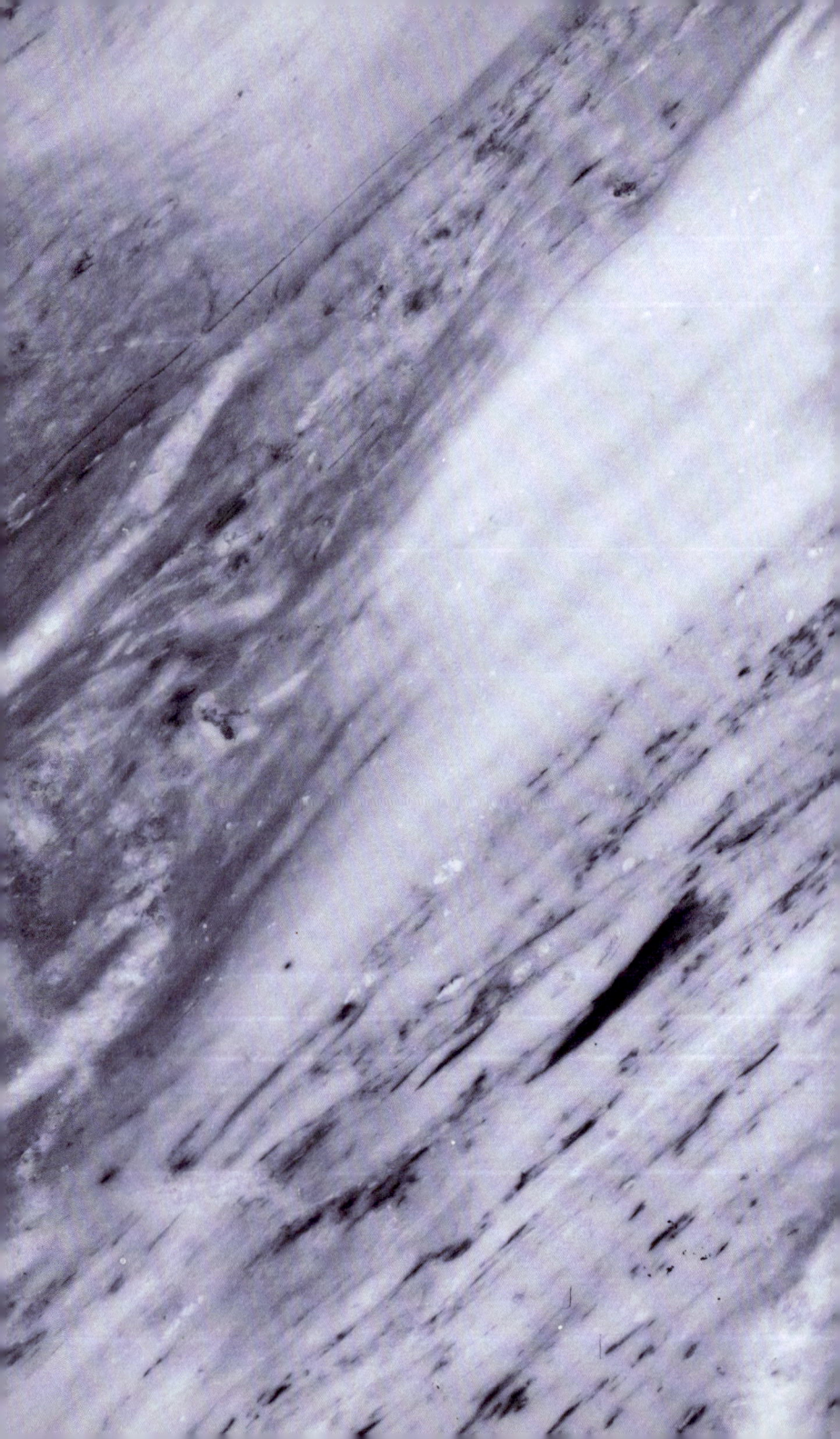